Hartmann/Funk/Nietmann · Präsentieren

Martin Hartmann, Rüdiger Funk, Horst Nietmann

# Präsentieren

Präsentationen: zielgerichtet und adressatenorientiert

Beltz Verlag · Weinheim und Basel 1991

Cip-Titelaufnahme der Deutschen Bibliothek

*Hartmann, Martin:*
Präsentieren : Präsentationen: zielgerichtet und adressatenorientiert /
Martin Hartmann ; Rüdiger Funk ; Horst Nietmann. –
Weinheim ; Basel : Beltz, 1991
(Beltz Weiterbildung : Training)
ISBN 3-407-36302-8
NE: Funk, Rüdiger:; Nietmann, Horst:



Lektorat: Peter E. Kalb


Herstellung: Klaus Kaltenberg
Satz (DTP): csg, computersatz und grafik GmbH, 6940 Weinheim
Druck: Druckhaus Beltz, 6944 Hemsbach
Umschlaggestaltung: Graphi Type, 6720 Speyer
Printed in Germany

ISBN 3-407-36302-8

# Inhaltsverzeichnis

# So könnte es anfangen ...

Auf dem Gang zu Ihrem Büro hat Ihre Chefin oder Ihr Chef Sie um ein Gespräch gebeten. Nun sitzen Sie im Chefzimmer und hören: »Nächste Woche findet unsere Abteilungsleiterbesprechung statt. Die Urlaubszeit geht zu Ende. Und wie das so aussieht, werden auch alle kommen. Unsere Tagesordnung läßt uns diesmal ausreichenden Spielraum, um wichtige inhaltliche Fragen zu besprechen. Ich meine damit besonders unsere überarbeitete Werbekampagne. Die Sitzung ist also eine sehr gute Gelegenheit, um diese Kampagne vorzustellen. Wir brauchen für die Realisierung ja auch noch ›grünes Licht‹ von den Verantwortlichen in den Abteilungen. Denken Sie daran, wenn Sie die Präsentation vorbereiten. Und überlegen Sie bitte, wie wir die einzelnen an der Umsetzung der Kampagne beteiligen können. Meine Idee ist, daß Sie die Präsentation verantwortlich durchführen. Sie waren ja auch federführend an der Erstellung beteiligt. Lassen Sie sich dabei von Kollegen und Kolleginnen helfen, die bisher auch schon an diesem Projekt mitgearbeitet haben ...«

oder:

Eine Beratungsgesellschaft, die unter anderem auch Kommunikationstrainings durchführt, wird von der Personalleitung eines neu errichteten Automobilwerkes aufgefordert, ihr Konzept für eine Präsentations- und Rhetorikschulung vorzustellen. Die Werksleitung möchte zukünftig möglichst alle neu eingestellten Führungskräfte in Präsentation und Rhetorik trainieren lassen. Die Beratungsgesellschaft hat dazu ein schriftliches Angebot erstellt. In einem Telefongespräch ist zu erfahren, daß dieses Angebot auf großes Interesse gestoßen ist. Eine Einladung in das Werk folgt. An der Präsentation sollen maximal zwei MitarbeiterInnen der Beratungsgesellschaft teilnehmen. Wer im einzelnen aus dem Automobilwerk an dieser Veranstaltung anwesend sein wird, ist zum Zeitpunkt der Einladung noch nicht entschieden. Für die gesamte Veranstaltung steht eine Stunde zur Verfügung, in der auch auf Fragen und Diskussionsbeiträge eingegangen werden soll. Die MitarbeiterInnen der Beratungsgesellschaft nehmen sich vor, diese Präsentation besonders sorgfältig vorzubereiten, da sie sehr an dem Auftrag für die Schulungen interessiert sind ...

oder:

Tag der offenen Tür in einer kleinen Gemeinde. Die Gemeindeverwaltung hat zusätzlich zu den vielen sonstigen Aktivitäten zu einem Informationsnachmittag in die Aula der Schule eingeladen. Hier bekommen sämtliche Organisationen und Vereine die Gelegenheit, sich vorzustellen. Die Gemeinde möchte damit den Bürgern und Bürgerinnen einen Überblick darüber geben, was in ihrem Umkreis so alles passiert. Sie sind Mitglied im Vorstand des Gesangvereins. Ihnen wird wie auch den anderen Gruppen – Turnverein, lokale Gruppe von amnesty international, Altenkreis, Bürgerinitiative etc. – die Gelegenheit gegeben, eine 30minütige Präsentation vorzubereiten. Ziel soll sein, die Anwesenden darüber zu informieren, welche Aktivitäten Ihre Gruppe entwickelt und wer daran aktiv mitarbeitet. Die Gemeindeverwaltung stellt für die einzelnen Präsentationen einen Overheadprojektor zur Verfügung. Sie bittet in ihrer

Einladung darum, die vorgegebene Zeit von 30 Minuten nicht zu überschreiten, da die Aula am Abend noch für eine Tanzveranstaltung benötigt wird ...

oder:

Der Inhaber einer süddeutschen Weinagentur hat seit einigen Wochen alkoholfreien Wein in seinem Angebot. Ihm selbst schmeckt dieser Wein nicht schlecht, und auch von Freunden und Bekannten hat er schon positive Rückmeldungen bekommen: »Der zweite Schoppen ist ›ohne‹, ich muß ja noch fahren.« In zwei Wochen will er sein Angebot einer großen Supermarktkette präsentieren. Sie soll diese Weine in ihr Angebot aufnehmen. Da alkoholfreier Wein bisher kaum bekannt ist, will der Weinmakler mehr als nur eine Weinprobe durchführen. Er möchte die Herstellung dieses Weins vorstellen, gleichzeitig über erste Erfahrungen mit seiner Kundschaft berichten, eine Werbekampagne vorschlagen und natürlich auch mehrere Schoppen ausschenken. Nach der Präsentation hofft er, einige Aufträge zu erhalten. Als Anschauungsmaterial hat das Weingut ihm einige große Plakate geschickt, auf denen der Herstellungsprozeß von alkoholfreiem Wein dargestellt ist. Diese Plakate lassen sich gut an Pinnwänden befestigen ...

oder:

Eine studentische Arbeitsgruppe hat in den Semesterferien ein kleines sozialwissenschaftliches Forschungsprojekt in einem Industrieunternehmen durchführen können. Sie hat darüber einen Bericht geschrieben und plant, die Ergebnisse in einer Seminarveranstaltung vorzustellen. In dem Unternehmen, in dem die Studenten und Studentinnen zu Gast waren, haben sie auch mehrere Präsentationen miterlebt und dabei erkannt, daß derartige Präsentationen anders aussehen als die Vorträge, die in den Uni-Seminaren gehalten werden. Dort werden die geschriebenen Berichte meistens einfach nur vorgelesen. Die Arbeitsgruppe hat deshalb beschlossen, die eigenen Forschungsergebnisse im Seminar in Form einer »richtigen« Präsentation vorzustellen ...

So wie in den hier vorgestellten Beispielen könnte der Anlaß für eine Präsentation aussehen.

Es ließen sich natürlich noch eine Menge von weiteren Situationen beschreiben:

- Sie könnten als UnternehmerIn Ihren Kunden eine neue, die Qualität Ihres Produkts verbessernde Herstellungsmethode vorstellen mit dem Ziel, diese Kunden auch weiterhin an Ihr Unternehmen zu binden;
- Sie könnten als MitarbeiterIn einer Umweltinitiative den Abgeordneten Ihres Wahlkreises das Konzept einer kindergerechten Verkehrsberuhigung in einem Stadtviertel vorstellen mit dem Ziel, daß diese Abgeordneten sich auch über die Parteigrenzen hinaus für dessen Realisierung einsetzen;
- Sie könnten in einem Quality Circle einen Verbesserungsvorschlag entwickelt haben, den Sie vor der Abteilungsleitung präsentieren wollen;
- Sie könnten als EDV-SpezialistIn Ihrer Firma einer Schulklasse, einer ausländischen Delegation oder einer Gruppe von Auszubildenden die Großrechenanlage des Unternehmens vorstellen ...

Alle diese Fälle schildern Anlässe für Präsentationen.

Sie persönlich haben etwas,

- eine Idee,
- ein Konzept,
- einen Plan,
- ein Produkt,
- ein Ergebnis,
- Argumente etc.,

die oder das Sie vorstellen wollen.

Mit diesen Vorstellungen wollen Sie wirkungsvoller, als es ein Prospekt, eine Broschüre oder ein Vortrag leisten

- informieren,
- überzeugen und motivieren,
- werben und verkaufen,
- alternative Lösungsansätze darstellen und Entscheidungshilfen anbieten
- ...

Also präsentieren Sie.

An dieser Stelle könnten Sie aber einwenden: »Wieso präsentieren? Kann ich diese Ziele nicht auch anders erreichen? Ich kann doch auch eine überzeugende Werbebroschüre austeilen, einen sorgfältig aufbereiteten Forschungsbericht verteilen, Gratisweinproben zusammen mit Bestellscheinen verschicken, eine Wandtafel lebendig gestalten oder einen informativen Vortrag halten. Was ist denn nun das Besondere an einer Präsentation?«

Sie haben recht. Sie können all das, was Sie vorschlagen, auch unternehmen. Sie sollten es auch immer dann tun, wenn Sie glauben, dadurch Ihre Ziele optimal erreichen zu können. Wir meinen allerdings, daß alle diese Aktivitäten in Verbindung mit einer Präsentation noch gezielter und wirkungsvoller eingesetzt werden können. Zum Beispiel kann eine überzeugende Werbebroschüre vor Beginn einer Präsentation verschickt werden, die lebendig gestaltete Wandtafel kann in der Präsentation umfassend informieren. Und die Präsentation kann die Ergebnisse des schriftlichen Forschungsberichts oder die Protokolle Ihrer Projektgruppenarbeit so aufbereiten, daß damit effektiv in der Praxis gearbeitet werden kann.

Was eine Präsentation über die hier angesprochenen Aktivitäten hinaus auszeichnet, ist die Tatsache, daß Sie mit Ihrem Publikum, Ihrer Zielgruppe, Ihren Kunden... direkt in Kontakt treten. Sie sprechen die einzelnen Personen unmittelbar an. Sie können auf sie direkt einwirken, mit ihnen streiten oder lachen. Sie können Fragen klären, Probleme erörtern oder eine Diskussion führen, also auf das Verhalten Ihrer GesprächspartnerInnen auch sofort reagieren.

Eine Präsentation ist also eine in allen Bereichen von Wirtschaft und Gesellschaft einzusetzende, vielfältige und »lebendige« Möglichkeit, ein Publikum zu informieren oder zu überzeugen. Dieses Buch soll Ihnen helfen, das Instrument »Präsentation« zu verstehen, zu erlernen und zu beherrschen.

# 1. Was ist eine Präsentation?

## 1.1 Ein erster Blick

Präsentation läßt sich folgendermaßen definieren:

**Eine oder mehrere Personen stellen für eine Zielgruppe bestimmte Inhalte, also Sachaussagen oder Produkte, dar. Ziel ist es, diese Zielgruppe zu informieren oder zu überzeugen. Die Darstellung wird unterstützt durch bildhafte Mittel. An sie schließt sich eine Fragerunde oder Diskussion an.**

Wir wollen diese Definition mit Hilfe der eingangs vorgestellten Präsentationsanlässe verdeutlichen:

*Eine oder mehrere Personen ...*
(Sie als MitarbeiterIn einer Firma, einer Beratungsgesellschaft, Mitglied eines Vereins, BesitzerIn einer Weinagentur, studentische Arbeitsgruppe ...)

*... stellen für eine Zielgruppe ...*
(AbteilungsleiterInnen, Werksleitung, BürgerInnen der Gemeinde, EinkäuferInnen einer Supermarktkette, andere TeilnehmerInnen an einem Uni-Seminar)

*... bestimmte Inhalte, also Sachaussagen oder Produkte, dar.*
(Überarbeitete Werbekampagne, das Konzept für eine Präsentations- und Rhetorikschulung, Selbstdarstellung eines Vereins, alkoholfreier Wein, Ergebnisse eines Forschungsprojekts)

*Ziel ist es, diese Zielgruppe zu informieren oder zu überzeugen.*
(»Grünes Licht für das überarbeitete Konzept bekommen«, den

Auftrag für die Durchführung von Schulungen erhalten, Kennenlernen der Mitglieder und Aktivitäten eines Vereins, Aufnahme des alkoholfreien Weins in das Angebot einer Supermarktkette, Kennenlernen der Ergebnisse eines Forschungsprojekts)

*Die Darstellung wird unterstützt durch bildhafte Mittel.*
(Rhetorik, Gestik, Mimik, Overheadfolien, Plakate auf Pinnwand oder Flipchart ...)

*An sie schließt sich eine Fragerunde oder Diskussion an.*
In dieser *Austauschphase* werden die TeilnehmerInnen aktiv. Sie können Fragen stellen, Anregungen geben, die eigene Meinung äußern etc.

## 1.2 Präsentation und/oder Vortrag?

Schon aus der vorstehenden Definition wird ersichtlich, daß sich die Präsentation in wesentlichen Punkten vom klassischen Vortrag unterscheidet.

Der klassische Vortrag besteht aus einer gut gegliederten und auf inhaltliche Vollständigkeit bedachten Rede. Er ist ein Monolog und besteht überwiegend aus Rede mit gelegentlichen visuellen Hilfen. Am Schluß dieser Rede bedankt sich der Redner oder die Rednerin für die »geschätzte« Aufmerksamkeit, und die Anwesenden bedanken sich mit höflichem Applaus. Gelegentlich findet eine Fragerunde mit Verständnisfragen oder eine Diskussion statt, die möglichst »eng am vorgegebenen Thema bleibt«.

Wir meinen, daß die besonderen Leistungen einer Präsentation im Unterschied zum klassischen Vortrag z.B. in den folgenden drei Punkten zu finden sind:

1. In einer Präsentation werden in der Regel Sachaussagen, Produkte oder Ergebnisse vorgestellt, die einen Bezug zum Teilnehmerkreis haben. Die Präsentation hat also eine ausdrücklich zu nutzende *Vorgeschichte*. Zur Vorgeschichte gehört dabei alles, was sich im Vorfeld zu dieser Präsentation ereignet hat und gleichzei-

tig für den oder die Vortragende so wichtig ist, daß es in der Präsentation berücksichtigt werden muß.

2. Die Wirkung, die von einer Präsentation ausgeht, wird zu gleichen Teilen von der Rede wie auch von den *Visualisierungen* erzielt, den pointiert auf das Ziel und die Zielgruppe hin ausgewählten bildhaften Mitteln. Die bildhafte Verpackung der Aussagen und Argumente ist in einer Präsentation also ebenso wichtig wie die Inhalte selbst oder die Rede, mit der sie dargestellt werden.
3. Zur Präsentationsveranstaltung gehört gleichrangig immer eine *Austauschphase*, die Frage- oder Diskussionsrunde. Diese Austauschphase ist nicht nur ein »Anhängsel« an die Präsentation. Die aktive Beteiligung der TeilnehmerInnen ist geplanter Bestandteil einer Präsentationsveranstaltung. Sie muß in jedem Fall zeitlich vorgesehen und inhaltlich entsprechend sorgfältig vorbereitet werden.

## 1.3 Was ist Präsentation: ein zweiter, genauerer Blick

Wir möchten Ihnen jetzt ein einfaches Modell vorstellen. Dieses Modell zeigt Ihnen die *vier Seiten einer Präsentation*.

Eine Präsentation ist immer eine Kommunikationssituation. Deshalb haben wir das Modell der Präsentation auch eng an ein bekanntes Kommunikationsmodell angelehnt. Dieses Modell heißt »Die vier Seiten einer Nachricht« und wird ausführlich beschrieben bei Friedemann Schulz von Thun (siehe dazu die kommentierte Literaturliste). Unsere Ausführungen werden aber auf eine intensive Beschäftigung mit der Theorie verzichten. Das von uns vorgestellte Modell dient in erster Linie als Orientierung dafür, was in eine Präsentation hineingehört und worauf Sie bei Ihrer Vorbereitung (und später bei der Durchführung) achten müssen.

Mit diesem Modell werden Sie in diesem Buch und später bei der Vorbereitung und Durchführung Ihrer eigenen Präsentation arbeiten.

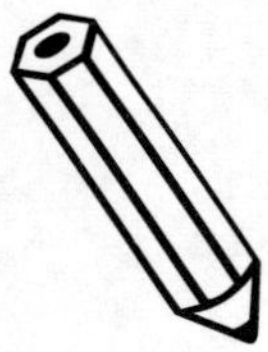

*»Unser Beispiel«*

Um dieses Buch anschaulich zu gestalten, haben wir aus den vielen eingangs angesprochenen Beispielen ein Beispiel ausgewählt, an dem wir immer wieder einzelne Ideen, Anregungen und Tips verdeutlichen. Es wird dann *»unser Beispiel«* sein. Wir haben uns für die erste von den Situationen entschieden, mit denen das Buch beginnt: »Auf dem Gang zu Ihrem Büro ...« Sie können sich beim Lesen auch eine andere Situation denken, vielleicht eine aus Ihrem Arbeitsleben, Ihrem Vereinsleben; eine, die mit Ihren Hobbys oder sonstigen Aktivitäten zu tun hat. Immer dann, wenn wir etwas an »unserem Beispiel« erläutern, können Sie überlegen, wie das bei Ihnen aussehen würde. So haben Sie schon beim Lesen dieses Buches die Gelegenheit, über eine eigene Präsentation nachzudenken und sich erste Notizen dazu in dieses Buch zu schreiben. Die Stellen, an denen Sie aktiv werden können, haben wir mit einem »Bleistift« gekennzeichnet.

*Worum ging es eigentlich noch einmal? Nächste Woche findet die Abteilungsleiterbesprechung statt. Und ich soll auf dieser Sitzung unsere überarbeitete Werbekampagne präsentieren. Natürlich ich, weil ich ja auch federführend an der Erstellung beteiligt war. Was war da noch? Ach ja, wir brauchen »grünes Licht« für die Realisierung der Kampagne. Was heißt denn eigentlich »grünes Licht«? Und die einzelnen AbteilungsleiterInnen sollen später auch an der Umsetzung beteiligt werden. Wie, darüber muß ich mir noch Gedanken machen. Und auch darüber, wer mir bei der Vorbereitung und Durchführung dieser Präsentation helfen soll ... Aber jetzt will ich erst einmal weiterlesen ...*

## 1.4 Die vier Seiten Ihrer Präsentation

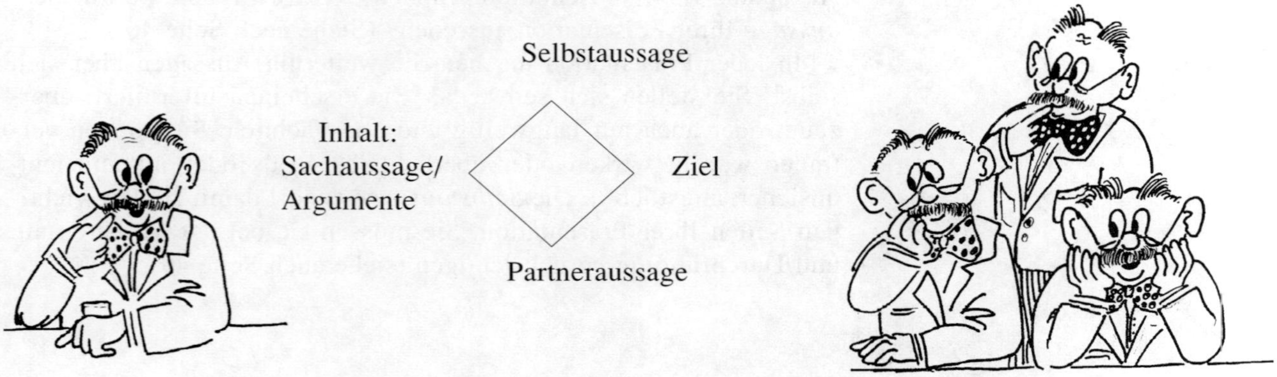


Der erste wichtige Schritt bei der Vorbereitung Ihrer Präsentation ist es, das exakte *Ziel* der vorgesehenen Präsentation zu klären und zu formulieren.

Was bedeutet also »Für das Konzept ›grünes Licht‹ bekommen«? Soll der Teilnehmerkreis ausschließlich informiert werden, sich mit dieser Information dann zufrieden geben? Oder sollen die Anwesenden von den Vorteilen dieses Konzepts überzeugt werden? Wie beispielsweise dann, wenn sie bisher ein anderes bevorzugt haben.

Erst dann beschäftigen Sie sich mit den *Inhalten* Ihrer Präsentation. Denn die Auswahl und Gestaltung dessen, was Sie präsentieren, orientiert sich an Ihrem Ziel. Nur die Informationen, die Sie zur Erreichung Ihres Ziels unbedingt benötigen, kommen in die Präsentation, alles andere hat dort keinen Platz (siehe auch S. 34).

Wenn Sie Ihre Inhalte auswählen und gestalten, berücksichtigen Sie natürlich auch alles, was Sie über Ihre TeilnehmerInnen wissen, deren Interessen, Bedürfnisse etc. Ihre gesamte Präsentation wird dadurch »teilnehmerorientiert«. Denn im Mittelpunkt Ihrer Präsentation steht Ihr Publikum (siehe auch Seite 30).

Dieses Publikum sitzt in Ihrer Präsentation vor Ihnen. Sie müssen sich also in der Vorbereitung und bei der Durchführung der Präsentation Gedanken machen, wie Sie Ihre TeilnehmerInnen ansprechen wollen. Wie können Sie Wertschätzung zeigen und dadurch die Akzeptanz Ihrer Präsentation erhöhen? Wie wird also die *Partneraussage* Ihrer Präsentation aussehen? (Siehe auch Seite 46.)

In jeder Präsentation machen Sie weiterhin Aussagen über sich selbst. Sie stellen sich selbst dar: Sie erscheinen informiert, überzeugt oder auch nur langweilig und oberflächlich. Sie können vertrauenswürdig wirken oder überheblich, seriös oder inkompetent, unsicher, ängstlich ... Die *Selbstaussage* gehört damit zu den wichtigen Seiten Ihrer Präsentation. Sie müssen sie bei der Vorbereitung und Durchführung berücksichtigen (siehe auch Seite 49).

## 1.5 Der äußere Rahmen Ihrer Präsentation

Mit den vier Seiten einer Präsentation haben Sie den Teil Ihrer Präsentation »im Griff«, bei dem *Sie – alleine oder im Team mit anderen* – Ihre Ideen oder Ihr Produkt vor Ihrem Publikum vorstellen.

Jede Präsentation ist darüber hinaus in eine *Vorgeschichte* und eine *Nachgeschichte* eingebunden. Und bei jeder Präsentation findet im Anschluß an den von Ihnen gestalteten Teil eine *Frage- oder Diskussionsrunde* statt.

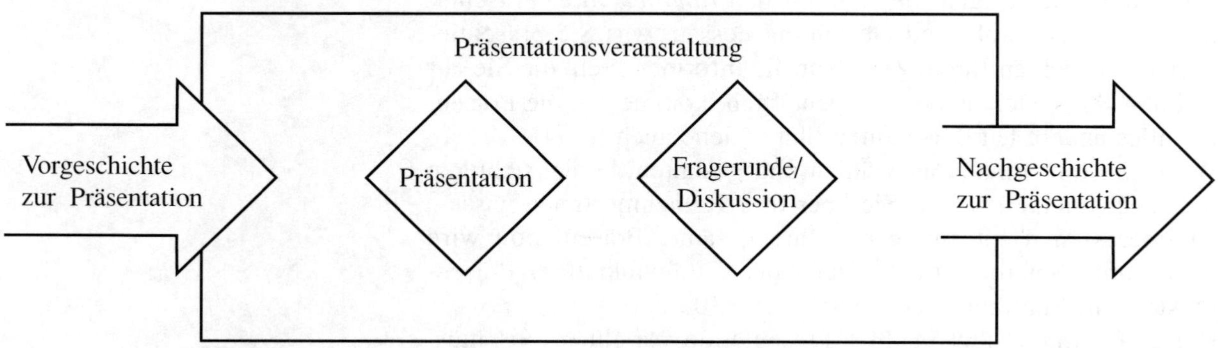

Unter *Vorgeschichte* Ihrer Präsentation fällt alles, was im Vorfeld dieser Präsentation geschehen ist, gleichzeitig aber für diese Präsentation so wichtig ist, daß es in der Vorbereitung berücksichtigt oder während der Präsentation angesprochen werden muß (siehe auch Seite 21).

Die *Nachgeschichte* umfaßt alle Konsequenzen und andere zukunftsweisenden Aktivitäten, die sich im Anschluß an die Präsentation ergeben.

Ihr Publikum kann Ihre Präsentation verlassen mit dem Gefühl, »Das war's, da kommt nichts mehr. Mal sehen, was hängenbleibt.« Sie können die Anwesenden aber auch mit dem Gedanken entlassen: »Da passiert noch was. Das Thema gehört noch nicht in die Ablage.« Und was noch passiert, liegt bei Ihnen. Sie können für Ihre Präsentation eine Nachgeschichte gestalten. Das kann der nachträgliche Versand Ihres Manuskripts sein, eine Telefonaktion, die Einladung zu einer vertiefenden Veranstaltung oder ähnliches.

Die Nachgeschichte bedeutet eine Chance, über die Präsentationsveranstaltung hinaus in Richtung auf Ihr Publikum aktiv zu werden (siehe auch Seite 53 und Seite 100).

Bei der Gegenüberstellung von Präsentation und Vortrag haben wir gesehen, daß ein wichtiges Kennzeichen einer Präsentation die dazugehörige *Austauschphase*, also die *Frage- und Diskussionsrunde* ist. Diese Frage- und Diskussionsrunde ist genauso wichtig wie die eigentliche Präsentation. Sie muß daher genauso sorgfältig und umfassend vorbereitet werden und trägt dann wesentlich zum Gelingen einer Präsentation bei. Wir haben für diesen Teil der Präsentationsveranstaltung ein eigenes Kapitel, das Kapitel 4, vorgesehen.

# 2. Die Vorbereitung Ihrer Präsentation

Bereiten Sie Ihre Präsentation sorgfältig vor, denn davon hängt es entscheidend ab, ob Sie das Ziel dieser Präsentation erreichen. Die sorgfältige Vorbereitung vermittelt Ihnen gleichzeitig aber auch ein sicheres Gefühl bei der Durchführung Ihrer Präsentation – und das wiederum wirkt sich natürlich positiv auf Ihre Zielerreichung aus.

Bei der Vorbereitung ist es wichtig, daß Sie alle Seiten, aber auch den äußeren Rahmen einer Präsentation berücksichtigen. Das heißt aber nicht, daß Sie dabei für alle Teile gleichviel Zeit aufbringen müssen. In einem konkreten Fall kann das bedeuten, daß Sie die Vorbereitung Ihrer Selbstaussage sehr kurz gestalten können, während Sie sich über das Ziel sehr ausführliche Gedanken machen müssen. Wie lange Sie sich für die einzelnen Seiten auch Zeit nehmen, Sie sollten Sie in jedem Fall *alle* mit in die Vorbereitung einbeziehen.

Die einzelnen Schritte Ihrer Vorbereitung lassen sich durch Leitfragen verdeutlichen:

1. Wie sieht die *Vorgeschichte* aus, an die Ihre Präsentation anknüpft? Was ist der Anlaß, aus dem heraus Sie präsentieren?
2. Was genau wollen Sie mit Ihrer Präsentation erreichen, was ist das *Ziel* Ihrer Präsentation? Was genau sollen Ihre TeilnehmerInnen am Ende der Präsentation wissen, tun etc.?
3. Was wollen Sie präsentieren, welche *Inhalte* stellen Sie vor, um dieses Ziel zu erreichen?
4. Wie können Sie den TeilnehmerInnen an Ihrer Präsentation *Wertschätzung* entgegenbringen (*Partneraussage*)?
5. Wie stellen Sie sich selbst dar (*Selbstaussage*)?

6. Was soll im Anschluß an Ihre Präsentationsveranstaltung geschehen, wie soll die *Nachgeschichte* aussehen?

## 2.1 Das Anknüpfen an die Vorgeschichte Ihrer Präsentation

Jede Präsentation ist in eine Vorgeschichte und eine Nachgeschichte eingebettet.

Für Ihre Präsentation bedeutet dies, daß Sie an diese Vorgeschichte anknüpfen und eine Nachgeschichte aktiv gestalten müssen.

Beginnen Sie Ihre Vorbereitung damit, daß Sie sich Notizen darüber machen, was alles vor Ihrer Präsentation geschehen *und* gleichzeitig für Ihre Präsentation von Bedeutung ist.

Was war im Vorfeld zu Ihrer Präsentation so wichtig, daß Sie es in Ihrer Präsentation unbedingt berücksichtigen müssen?

Das kann mit der *Beziehung* zwischen Ihnen/Ihrer Firma/Ihrer Institution etc. und dem Publikum zu tun haben: Ihr Publikum hat früher schon einmal gute (oder schlechte) Erfahrungen mit Ihrem Betrieb gemacht ... Hierzu gehören auch Überlegungen zum Anlaß der Präsentation. Gab es einen Auftrag für diese Veranstaltung und was haben die Anwesenden damit zu tun?

Es kann mit Ihrem *Ziel* zu tun haben: Sie wollen etwas verkaufen, was schon einmal auf einer Verkaufsveranstaltung durchgefallen oder besonders erfolgreich angekommen ist ...

Es kann mit den *Inhalten* zu tun haben: Ihr Thema hat durch eine aktuelle öffentliche Diskussion eine »Färbung« bekommen, was Sie auf keinen Fall unerwähnt lassen sollten ...

Und es kann natürlich mit *Ihnen selbst* zu tun haben: Sie sind durch eine erst kürzlich erschienene Publikation als Experte auf einem bestimmten Gebiet bekannt geworden. Dadurch können gezielte Erwartungen an Sie herangetragen werden ...

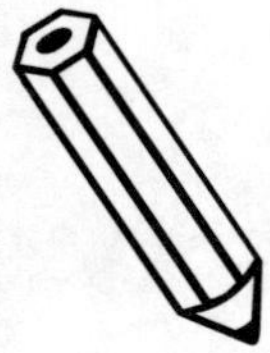

*Unser Beispiel:*

In »unserem Beispiel« könnte eine wichtige Vorgeschichte darin bestanden haben, daß die erste Fassung dieser Kampagne »mit Pauken und Trompeten« durchgefallen ist. An dieses Ereignis können sich noch die meisten Ihrer TeilnehmerInnen gut erinnern. Schon deshalb, weil diese erste Fassung ohne ihre Mitwirkung entstand und an ihren Interessen völlig vorbeilief, sie also selbst dagegen opponiert hatten.
Diese Vorgeschichte können Sie natürlich bei der Vorbereitung und der Durchführung Ihrer Präsentation nicht ignorieren.

*Ihre Vorbereitung:*

✔ Halten Sie stichwortartig fest, was aus der Vorgeschichte Ihrer Präsentation aktuell von Bedeutung ist.
✔ Während Sie Ihre Präsentation weiter vorbereiten, müssen Sie überlegen, ob und an welchen Stellen – z.B. bei der Zielformulierung oder der Inhaltsauswahl – Sie diese Vorgeschichte berücksichtigen.

✔ Prüfen Sie diese Vorgeschichte
- für Ihr Präsentationsziel;
- für Ihre Inhalte;
- für die Beziehung zwischen Ihnen/Ihrem Unternehmen/Ihrer Abteilung und dem Publikum;
- für Ihre Selbstdarstellung.

## 2.2 Das Ziel Ihrer Präsentation

Für Ihre Präsentation brauchen Sie *konkret formulierte* Ziele.

Diese Ziele geben Ihrer Präsentation eine eindeutige Ausrichtung: Was wollen Sie bei den Anwesenden erreichen? Was sollen diese nach der Präsentation verstanden haben, wissen? Oder wovon sollen sie überzeugt sein, was sollen sie konkret unternehmen, veranlassen etc.?

Wenn Ihnen die Ziele für Ihre Präsentation nicht oder nur ungenau vorgegeben werden, müssen Sie diese Ziele selbst finden und genau formulieren. Fragen Sie sich daher:

»Welche Ziele will ich erreichen?«

oder noch präziser:

»Zu welchem Handeln, Denken, Tun will ich meine ZuhörerInnen auffordern?«

In der betrieblichen Praxis werden Sie weniger häufig die Gelegenheit haben, Ihre Präsentationsziele völlig eigenverantwortlich zu bestimmen. Sie werden es in der Regel mit »mehr oder weniger« exakten Vorgaben zu tun haben. Eine denkbare Vorgabe aus unserem Beispiel könnte lauten: »... stellen Sie den Leuten 'mal die überarbeitete Kampagne vor«. Hier liegt die »Holschuld« bei Ihnen, zusammen mit Auftraggebern oder Vorgesetzten konkrete Zielüberlegungen anzustellen.

Grundsätzlich lassen sich zwei unterschiedliche *Leitziele* für eine Präsentation ausmachen:

Sie wollen Ihre TeilnehmerInnen *informieren* oder *überzeugen*. Wir unterscheiden daher in diesem Buch zwischen einer *Informationspräsentation* und einer *Überzeugungspräsentation*.

### *Die konkreten Ziele einer Informationspräsentation*

Besteht Ihr Leitziel darin, zu *informieren*, so sollen die TeilnehmerInnen am Ende der Präsentation etwas *verstehen*: eine Idee, ein Ereignis, eine Beschreibung, einen Zusammenhang. Dabei kann es sich um die Darstellung einer Fertigungseinrichtung mit ihren Auswirkungen auf bestimmte Arbeitsabläufe handeln, das Funktionsprinzip eines Dieselmotors oder die Preisentwicklung auf dem Markt für elektronische Meßgeräte; aber auch um eine Werbekampagne, die Herstellung von alkoholfreien Wein, das Ergebnis einer Projektgruppenarbeit.

Am Ende einer Informationspräsentation sind Ihre TeilnehmerInnen z.B. aufgefordert, Ihre Argumente weiterzudenken, sie im Kollegenkreis zu diskutieren oder auch eigene Ideen und Anregungen an Sie zurückzumelden.

In unserem Beispiel könnte die Zielformulierung für eine *Informationspräsentation* etwa folgendermaßen aussehen:

»Die AbteilungsleiterInnen lernen die gesamte überarbeitete Kampagne *kennen* und *verstehen* die Auswirkungen, die diese Kampagne auf ihre persönliche Arbeit haben wird.«

Oder:

»Die AbteilungsleiterInnen lernen die gegenüber der früheren Kampagne veränderten Teile der neuen Fassung *kennen*. Dadurch können sie ihren MitarbeiterInnen die Folgen, die sich durch die Anwendung dieser Kampagne in den Abteilungen ergeben, *verdeutlichen.*«

....................................................................................................

....................................................................................................

....................................................................................................

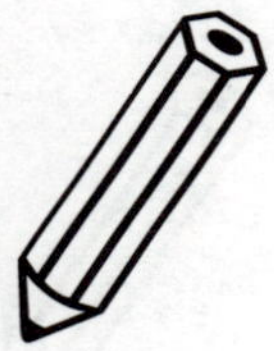

## *Die konkreten Ziele einer Überzeugungspräsentation*

Besteht Ihr Leitziel darin, zu überzeugen, so sollen die TeilnehmerInnen am Ende der Präsentation davon überzeugt sein, daß Ihre Idee die beste Alternative darstellt; davon, daß Ihr Produkt den größten Nutzen verspricht und daher gekauft werden sollte; davon, daß Ihre Partei gewählt, Ihre Initiative unterstützt werden sollte etc.

Am Ende einer Überzeugungspräsentation sind Ihre ZuhörerInnen zum Handeln aufgefordert. Sie sollen aktiv das umsetzen, wovon sie überzeugt sind. Entsprechend könnte Ihr Schlußappell hier lauten: »Wählen Sie...«; »Unterstützen Sie...«; »Überlegen Sie, ob Sie folgende Schritte tun werden...«.

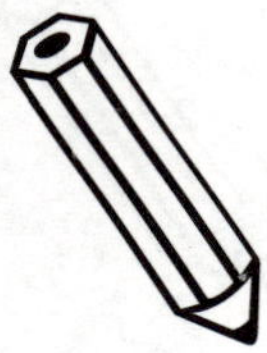

Auf »unser Beispiel« angewendet, könnte die Zielformulierung für eine *Überzeugungspräsentation* etwa so aussehen:

»Die AbteilungsleiterInnen sollen von den Vorteilen, die die überarbeitete Kampagne für ihre Abteilungen hat, *überzeugt* werden. Sie sollen in der Besprechung mit der Geschäftsführung für die Einführung dieser neuen Fassung *stimmen.*«

Oder:

»Die AbteilungsleiterInnen sollen von den Vorteilen, die die neue Kampagne für das gesamte Unternehmen und für ihre Abteilungen bringt, *überzeugt* sein. Sie sollen für die Mitarbeit an einer Arbeitsgruppe, die die Umsetzung dieser Werbekampagne vorbereitet, *gewonnen* werden.«

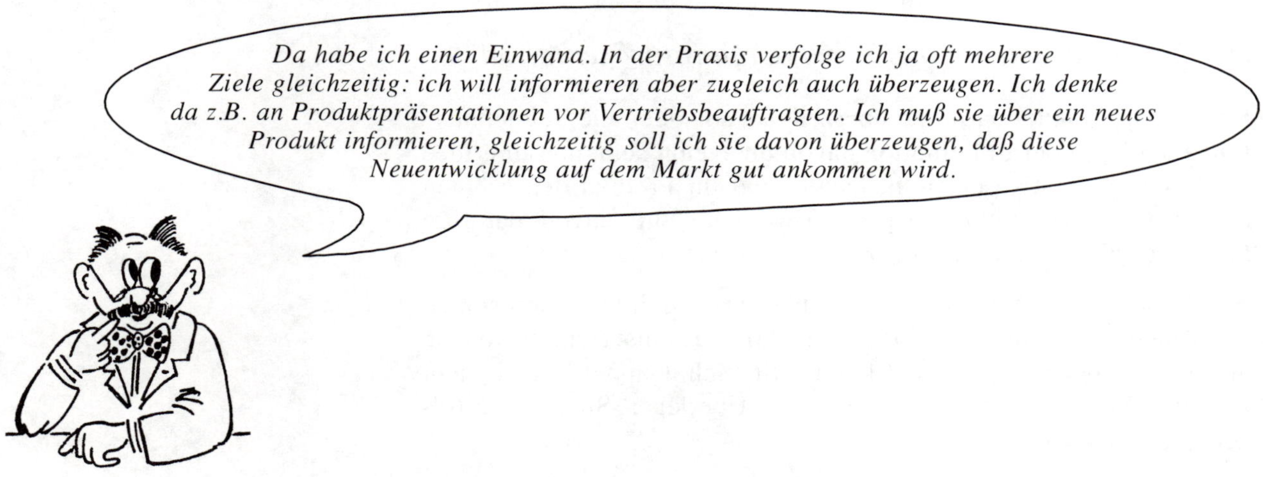

> *Wenn Sie mit Ihrem Einwand meinen, daß die beiden Ziele ineinander verschmelzen und dadurch ein neues bilden, dann möchte ich Ihnen widersprechen. In Ihrem Beispiel besteht* ein *Ziel darin, die Vertriebsbeauftragten über die Neuentwicklung umfassend zu informieren. Ein* anderes *besteht darin, sie von den Vorteilen dieses Produkts im Vergleich zum vorhergehenden zu überzeugen. Sie können diese Ziele hintereinander verfolgen: Zuerst informieren Sie und beantworten alle Verständnisfragen. Anschließend versuchen Sie, die Vertriebsbeauftragten von den Vorteilen der Neuentwicklung und den damit verbundenen Marktchancen zu überzeugen. In der Diskussion dazu können Sie dann auf Einwände eingehen und Bedenken ausräumen.*

Die Trennung zwischen *Informationspräsentation* und *Überzeugungspräsentation* ist in Ihrer Praxis nicht immer eindeutig durchzuführen. Oft werden sich *Mischformen* ergeben: Sie informieren zuerst und versuchen anschließend, Ihr Publikum von etwas zu überzeugen.

## *Wie realistisch sind Ihre konkreten Ziele?*

Bevor Sie Ihre konkreten Ziele endgültig festschreiben, sollten Sie prüfen, ob Sie diese Ziele mit der Präsentation überhaupt erreichen können. Denn ebenso wichtig wie die Frage »Was *will* ich erreichen?« ist auch die Frage »Was *kann* ich erreichen?«. Der Erfolg Ihrer Präsentation hängt also auch entscheidend davon ab, wie und in welchem Ausmaß sich Ihre Zielgruppe auf die von Ihnen vorgegebenen Ziele tatsächlich einläßt.

Bei dieser Überprüfung Ihrer Ziele helfen Ihnen Ihre Erkenntnisse aus der *Vorgeschichte* der Präsentation sowie das Wissen, das Sie durch die *Adressatenanalyse* über Ihr Publikum erlangt haben (siehe S. 30).

## *Was bedeutet »... präzis formuliertes Ziel«?*

Aus dem bisher Gesagten soll deutlich werden: je genauer Sie festgelegt haben, was Ihr Publikum am Ende der Präsentation wissen oder tun soll, umso sicherer können Sie z.B. die Inhalte auswählen, die Sie präsentieren müssen. Und umso sicherer können Sie entscheiden, was aus der unübersichtlichen Masse an Informationen, über die Sie am Anfang Ihrer Vorbereitung verfügen, weggelassen werden kann. Ihre Leistung liegt darin, Informationen zu reduzieren, denn Ihnen steht nur begrenzt Zeit zur Verfügung.

Lediglich das Ziel für die Informationspräsentation »...sollen die Werbekampagne kennenlernen ...« läßt noch sehr viele Möglichkeiten der Präsentationsgestaltung zu. Sollen die ZuhörerInnen am Ende *nur mal was von dieser Kampagne gehört haben,* oder sollen sie im Anschluß an die Präsentation *in einer Besprechung über eine Weiterentwicklung mitdiskutieren können* bzw. *anderen die Folgen der Kampagne verdeutlichen*? In jedem Fall sieht Ihre Präsentation anders aus.

Das gilt auch für eine Überzeugungspräsentation: Das Ziel »...von unserem Produkt überzeugen ...« kann vieles bedeuten: *die ZuhörerInnen sollen sich für dieses Produkt entscheiden (d.h. es kaufen)*; oder *sie sollen dafür Mundpropaganda betreiben*; oder *sie sollen es selbst bei sich anwenden* etc. Wiederum sieht in jedem Fall die Präsentation anders aus.

»Exakt« formulieren bedeutet also die möglichst genaue Beantwortung der Fragen:

– »Was sollen meine TeilnehmerInnen am Ende der Präsentation wissen oder tun?«

  oder

– »Was will ich mit dieser Präsentation im Endeffekt konkret erreichen?«

Die Antworten auf diese Fragen werden immer *positiv formuliert* sein: »etwas Bestimmtes verstehen«, »über etwas diskutieren können« oder »für eine Alternative stimmen«, »sich für eine Idee einsetzen«. Ihr Ziel ist es nicht, daß die TeilnehmerInnen an einer Präsentation in Zukunft irgendetwas *nicht* mehr wissen oder eine Handlung *nicht* mehr tun.

Wir haben das Kapitel »Ziele« in einer Übersicht noch einmal zusammengefaßt:

| Die Leitziele ihrer Präsentation sind: | **Information** | **Überzeugung** |
|---|---|---|
| Ihre konkreten Ziele sind: | – kennenlernen<br>– verstehen<br>– weiterdenken<br>– diskutieren<br>– verdeutlichen<br>– | – sich für eine Alternative entscheiden<br>– eine bestimmte Möglichkeit wählen<br>– ein Produkt kaufen<br>– etwas unterstützen<br>– etwas auswählen und sich dafür einsetzen<br>– für etwas stimmen<br>– ... |
| Sie überprüfen Ihre konkreten Ziele: | – Wie realistisch sind meine konkreten Ziele?<br>– Werden sich meine TeilnehmerInnen darauf einlassen?<br>– Stellen meine konkreten Ziele positiv formulierte Verhaltensweisen dar? | |

*Ihre Vorbereitung:*

✔ Überlegen Sie, ob Sie informieren oder überzeugen wollen.

✔ Formulieren Sie so konkret wie möglich die Ziele Ihrer Präsentation. Formulieren Sie positive, beobachtbare Verhaltensweisen.

✔ Überprüfen Sie, wie realistisch das Erreichen Ihres Ziels in der bevorstehenden Präsentation wirklich ist? Überarbeiten Sie gegebenenfalls Ihr Ziel.

## 2.3 Die Adressatenanalyse – »Für wen wollen Sie präsentieren?«

Sie haben sich in Ihrer Vorbereitung auf Ihre Präsentation bisher Gedanken zu der *Vorgeschichte* gemacht und das *Präsentationsziel* möglichst konkret formuliert.

Damit Sie überprüfen können, wie realistisch Ihre konkreten Ziele sind, und bevor Sie an die *Auswahl und Gestaltung der Präsentationsinhalte* gehen, müssen Sie sich noch mit Ihrem Publikum beschäftigen.

Mit dieser *Adressatenanalyse* legen Sie den Grundstein dafür, daß Ihre Präsentation auch *teilnehmerorientiert* verläuft. Nachdem Sie in Ihrem Präsentationsziel *Ihre Interessen* formuliert haben, bietet Ihnen die Adressatenanalyse erste Hinweise darüber, wo die *Interessen und Bedürfnisse Ihrer TeilnehmerInnen* liegen, auf die Sie bei der Gestaltung der Präsentation eingehen müssen.

Welchen Nutzen Ihnen die Adressatenanalyse bietet, zeigen einige beispielhafte Situationen:

1. Sie haben ermitteln können, *wer* Ihre ZuhörerInnen sind und welches Vorwissen sie haben. Sie kennen also die *Situation* Ihres Publikums:
   Sie können daraufhin alle Informationen aus der Präsentation herauslassen, die schon bekannt sind. Sie können weiterhin den Schwierigkeitsgrad Ihrer Ausführungen daraufhin abstimmen ...
2. Sie haben eine Vorstellung davon, *was* Ihre TeilnehmerInnen erwarten und welche *Interessen* sie haben:
   Damit können Sie gezielt auf diese Interessen eingehen oder Argumente, die mit diesen Interessen nicht übereinstimmen, besonders sorgfältig vorbereiten und begründen ...
3. Sie machen sich ein Bild davon, *wie* Ihre TeilnehmerInnen zu den Inhalten stehen, sie kennen die *Einstellungen* der Anwesenden zu Ihren Zielen, zu den Inhalten oder zu Ihnen. Sie können auf das, was Ihr Publikum besonders bewegt, angemessen eingehen.

Damit Sie Ihre Adressatenanalyse systematisch durchführen können, haben wir Ihnen eine Checkliste zusammengestellt. Wir haben diese Checkliste mit dem Begriff *»SIE-Formel zur Adressatenanalyse«* bezeichnet, als Kürzel für die drei Bereiche Ihrer Analyse: *S*ituation, *I*nteresse und *E*instellung. Am Schluß Ihrer Überlegungen sollten Sie sich ein Bild davon gemacht haben, wer *SIE*, Ihre TeilnehmerInnen, sind. Arbeiten Sie diese Checkliste sorgfältig durch; auch dann, wenn Ihre Antworten häufig lediglich Vermutungen sein werden und nur für einige der später Anwesenden gelten. Das Gesamtbild der Analyse wird Ihnen ausreichende Informationen über Ihre TeilnehmerInnen bieten, so daß Sie Ihre Präsentation tatsächlich maßgeschneidert vorbereiten können.

*Checkliste:*

*SIE-Formel zur Adressatenanalyse*

Die *Situation* meiner TeilnehmerInnen: *Wer* sind sie und welches Vorwissen bringen sie mit?

- Welche Stellung haben sie in der Hierarchie?
- Welche Funktion haben sie im Unternehmen?
- Welche Funktion haben sie in Bezug zum Präsentationsthema (z.B. Mitarbeit in einem Projekt, dessen Ergebnisse vorgestellt werden sollen)?
- Welchen Wissensstand haben sie bezogen auf die Präsentation?
- Welche Ansprüche haben sie an das Niveau der Präsentation (Einsatz bestimmter Medien, »druckreife« Vorlagen etc.)?

Die *Interessen* meiner TeilnehmerInnen: *Was* erwarten sie?

- An welchen Inhalten sind sie interessiert?
- An welchen Ergebnissen sind sie interessiert?
- An welchen Konsequenzen aus den Ausführungen sind sie interessiert?
- Welche konkreten Erwartungen haben sie an die inhaltlichen Ausführungen?
- Welche konkreten Erwartungen haben sie an die Ausführlichkeit der Themenbehandlung?

Die *Einstellungen* meiner TeilnehmerInnen: *Wie betroffen* sind sie von der Präsentation?

- Welche Einstellungen haben sie zum Präsentationsanlaß?
- Welche Einstellungen haben sie zum Ziel?
- Welche Einstellungen haben sie zum/zur Präsentierenden?
- In welcher Form sind sie von den Ergebnissen betroffen?

*Ihr Leitziel:*

..................................................................................................................................

*Ihre konkreten Ziele:*

..................................................................................................................................

..................................................................................................................................

..................................................................................................................................

..................................................................................................................................

*Kontrollfragen für Ihre konkreten Ziele:*

»Wie lauten die positiv formulierten Verhaltenswünsche zu meinen konkreten Zielen?«

..................................................................................................................................

..................................................................................................................................

»Wie berücksichtigen meine konkreten Ziele die Ergebnisse der Adressatenanalyse nach der SIE-Formel?«

Situation:

..................................................................................................................................

Interesse:

..................................................................................................................................

Einstellung:

..................................................................................................................................

*Nachtrag zu den Zielen Ihrer Präsentation:*

Nachdem Sie sich intensiv mit den TeilnehmerInnen Ihrer Präsentation beschäftigt haben, können Sie auch die Kontrollfragen zu Ihren konkreten Präsentationszielen leicht beantworten. Dazu geben wir Ihnen das nebenstehende *Arbeitsblatt für die Zielformulierung*:

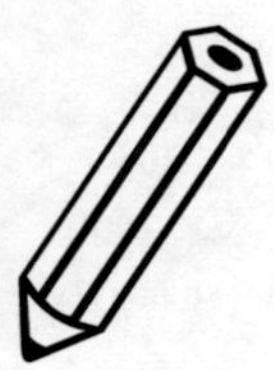

## 2.4 Die Inhalte Ihrer Präsentation: Sammeln – Auswählen – Gewichten – Gestalten

In Ihrer Präsentation geht es immer um Sachaussagen, Argumente, Fakten, gleich welches Ziel Sie verfolgen, welche Vorgeschichte dem vorangegangen ist und welches Publikum vor Ihnen sitzen wird.

Und diese Inhalte sind es, die Ihnen helfen sollen, Ihr Leitziel – Information oder Überzeugung – zu erreichen. Damit sie dies leisten können, müssen diese Inhalte natürlich entsprechend aufbereitet werden.

Wir haben den gesamten Vorgang der »Inhaltsbearbeitung« in vier Schritte unterteilt: In einem ersten Schritt *sammeln* Sie Informationen, anschließend *wählen* Sie die für die Zielerreichung notwendigen Inhalte aus. Der dritte Schritt besteht darin, alle Informationen, die in die Präsentation gehören, zu *gewichten*: nach Kernaussagen und Hintergrundinformationen. Erst im letzten, dem vierten Schritt *gestalten* Sie die Informationen so, wie Sie sie in der Präsentation vorstellen möchten.

### *Das Sammeln des Materials*

Der erste Schritt besteht darin, möglichst viele Informationen zu sammeln. Ausgangsfrage dabei ist: »Was gehört im weitesten Sinne zur Präsentation?«

Das Ergebnis Ihres Sammelns wird eine breite Informationserfassung sein.

In vielen Fällen brauchen Sie dabei nicht lange zu suchen. Bei einem Ihnen vertrauten Themengebiet wissen Sie meist viel mehr, als in einer Präsentation Platz hat. Bei Bereichen dagegen, die neu für Sie sind, sollten Sie möglichst viele zugängliche Quellen (Bibliotheken, Fachzeitschriften, Rat von Kollegen und Kolleginnen etc.) ausschöpfen, um über ausreichende Informationen zu verfügen.

## *Das Auswählen der Inhalte*

Ihre Materialsammlung wird Sie mit einem Vielfachen dessen versorgt haben, was Sie später einmal Ihrem Publikum präsentieren wollen. Sie müssen also *bestimmte* Inhalte *auswählen*.

Diese Auswahl wird von folgender Frage geleitet: *»Welche Inhalte müssen Sie für Ihre spezifische Zielgruppe und für die für die Präsentation zur Verfügung stehende Zeit auswählen, um Ihre konkreten Ziele zu erreichen?«*

Das wichtigste Kriterium für die Auswahl der Inhalte bildet das vorher festgelegte Ziel der Präsentation. Alle anderen Inhalte, die nichts Wesentliches zur Zielerreichung beitragen, finden in Ihrer Präsentation keinen Platz. Also trennen Sie sich von »durchgefallenen« Informationen, auch wenn deren Beschaffung noch so mühsam gewesen sein mag. Der Zweck einer Präsentation ist es nicht, alles das zu präsentieren, was sich zu einem Themengebiet sagen läßt (was auch gar nicht möglich ist), sondern ein genau umrissenes Ziel zu erreichen.

Außerdem orientiert sich die Auswahl der Inhalte an den TeilnehmerInnen Ihrer Präsentation. Als Ergebnis Ihrer Adressatenanalyse ist Ihnen einerseits bekannt, was Ihr Publikum schon *weiß*, andererseits, was *neu* und *sehr interessant* ist. Mit diesem Wissen können Sie sich relativ sicher davor schützen, den Anwesenden »kalten Kaffee zu servieren«. Wählen Sie also Ihre Inhalte »teilnehmer(kunden-) orientiert« aus.

Sie sollten aber noch ein weiteres Kriterium »im Hinterkopf« haben: die Ihnen für die Präsentation zur Verfügung stehende *Zeit*. Es lassen sich allerdings keine exakten Regeln aufstellen, wie Sie Ihre Inhalte so auswählen, daß diese die vorgeschriebene Präsentationszeit exakt ausfüllen. Allgemeine Hinweise für den Umgang mit der – knappen – Zeit finden Sie im Kapitel 2.10.

In »unserem Beispiel« könnte die Auswahl der Inhalte von folgenden Überlegungen begleitet sein:

*Ziel: Information*

Sie wollen, daß die AbteilungsleiterInnen die vorgestellte Werbekampagne *kennenlernen*. Sie überlegen: »Was muß zum *Verständnis* der gesamten Kampagne mindestens dargestellt werden und auf was will ich dabei verzichten?« Sie wollen aber auch, daß Ihnen aufmerksam zugehört wird und daß alle »ganz bei der Sache sind«. Also überlegen Sie bei der Auswahl der Inhalte auch: »Was könnte die AbteilungsleiterInnen bei der Darstellung der gesamten Kampagne besonders interessieren, und kann ich darauf eingehen, ohne das Verständnis zu erschweren oder die mir zur Verfügung stehende Zeit zu überschreiten?«.

*Ziel: Überzeugung*

Sie wollen die AbteilungsleiterInnen davon *überzeugen*, daß die überarbeitete Werbekampagne auch Vorteile für ihre Abteilungen hat. Außerdem wollen Sie einige von ihnen für die Mitarbeit an der Arbeitsgruppe *gewinnen*. Bei der Auswahl der Inhalte wählen Sie zuerst alle Vorteile der neuen Kampagne für die einzelnen Abteilungen. Die weitere Frage, nach der Sie Inhalte auswählen, lautet: »Welcher Nutzen, welche Vorteile bietet eine Mitarbeit in der Arbeitsgruppe den TeilnehmerInnen an der Präsentation?«

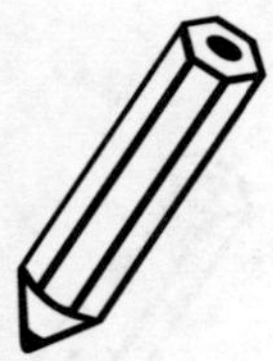

## *Das Gewichten der Inhalte*

Nachdem Sie die für Ihre Zielerreichung notwendigen Inhalte ausgewählt haben, werden diese *gewichtet.*

Je nach Bedeutung unterscheiden Sie die Informationen in
- Kernaussagen und
- Hintergrundinformationen.

Bei den *Kernaussagen* handelt es sich um die Informationen, die Sie in jedem Fall in der Präsentation ansprechen müssen, um Ihre konkreten Ziel zu erreichen.

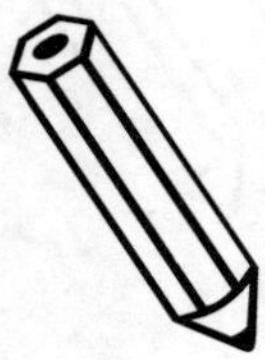

In »unserem Beispiel« könnte sich hinter den zwei Informationsarten folgendes verbergen:

*Kernaussagen*: Die Kosten für die vorgeschlagene Werbekampagne betragen ... Diese Summe setzt sich zusammen aus ...

*Hintergrundinformationen*: Der Betrag für die Fernsehspots wurde diesmal etwas niedriger angesetzt, weil.wir zum einen ... und zum anderen ...

oder:

*Kernaussagen:* In der Kampagne werden wir neben Fernsehwerbung auch Radiospots und Zeitschriftenanzeigen schalten. Das hat für unser Unternehmen den Vorteil, daß wir ...

*Hintergrundinformationen:* Im Gegensatz zu der im letzten Jahr geplanten Kampagne werden wir diesmal also auch im Radio präsent sein. Dies ist kostenmäßig möglich, weil ...

Die *Hintergrundinformationen* benötigen Sie, um die Verständlichkeit der Kernaussagen zu erhöhen. Mit ihnen können Sie die Kernaussagen eventuell fesselnd und spannend darstellen.
Für Ihr Präsentationsmanuskript bietet es sich an, die Kernaussagen und Hintergrundinformationen auf farblich jeweils unterschiedliche Karteikarten zu schreiben. So können Sie im Verlauf Ihrer Präsentation z.B. bei Zeitdruck zuerst bei den »Hintergrundinformationskärtchen« kürzen, bevor Sie Ihre Kernaussagen »angreifen«.

Nachdem Sie inzwischen aus der Fülle der anfangs gesammelten Informationen die für Ihre Zielerreichung wichtigen ausgewählt und gewichtet haben, verfügen Sie über die Inhalte, die Sie für die Darstellung in Ihrer Präsentation *gestalten* können.

## *Das Gestalten der Inhalte*

Zum Gestalten Ihrer Inhalte gehört

1. Die *Reihenfolge* von Aussagen und Argumenten. Dahinter verbirgt sich die Frage, »Wie baue ich meine Aussagen und Argumente auf, damit ich ein optimales Verständnis erziele (Informationspräsentation) oder damit mir eine wirksame Überzeugung gelingt (Überzeugungspräsentation)?«

2. Die *Visualisierung* der Aussagen und Argumente. Dahinter verbirgt sich die Frage: »Wie kann ich die Aussagen und Argumente durch bildhafte Mittel so darstellen, daß ihr Verständnis oder ihre Überzeugungskraft optimal unterstützt werden?«
3. Die Darstellung der Inhalte in Ihrem *Präsentationsmanuskript*. Dahinter verbirgt sich die Frage: »Wie kann ich die Aussagen und Argumente im Manuskript so aufbereiten, daß ich sie jederzeit flüssig und sicher vermitteln kann?«

Auf die Erstellung des Präsentationsmanuskripts sowie den Einsatz von Visualisierungen wird in den Kapiteln 2.8 und 6 ausführlich eingegangen. An dieser Stelle interessiert nur, wie die ausgewählten und gewichteten Argumente in eine Reihenfolge gebracht werden können.

Es gibt in der Rhetorik und Didaktik verschiedene bewährte Möglichkeiten, Reihenfolgen zu bilden. Für die Präsentation schlagen wir Ihnen zwei davon vor:

*Zum einen* die sogenannte *sachlogische Reihenfolge*. Darunter fallen Reihenfolgen, Abläufe etc., die sich aus der Sache selbst, dem Gegenstand, seiner Struktur, seinem Funktionsprinzip »von selbst« ergeben. Denken Sie dabei an die Inbetriebnahme einer Maschine, das Funktionsprinzip eines Verbrennungsmotors oder die Wachstumsschritte einer Pflanze. Hier lassen sich Reihenfolgen erkennen, die sich »zwingend« aus dem Funktionieren der Sache ergeben. Gleiches gilt für historische Abläufe: die zeitliche Aufeinanderfolge von Ereignissen bildet zugleich die Reihenfolge ihrer Darstellung.

*Zum anderen* lassen sich *psychologische Reihenfolgen* aufstellen. Sie sind aus Schule oder Studium bekannt, nämlich bei der Behandlung von Lehrstoffen

- vom Vertrauten zum Unbekannten/Ungewissen,
- vom Unbeliebten zum Beliebten,
- von den Nachteilen zu den Vorteilen, die diese Nachteile überwiegen,
- vom Einfachen zum Komplexen.

Die psychologische Reihenfolge spricht stärker als die sachlogische die Gefühle der TeilnehmerInnen an. Nun ist bekannt, daß positive Gefühle die Aufnahme von Informationen erleichtern, negative erschweren sie dagegen. Wenn es Ihnen durch die Reihenfolge gelingt, die Ihnen wichtigen Inhalte mit positiven Gefühlen zu verbinden

- »Die Vorteile der Kampagne gewinnen deutlich gegen die Nachteile.«
- »Das Unbekannte und Fremde knüpft ja ganz einfach an das mir bisher Vertraute an. Das ist ja doch nicht so kompliziert, wie es am Anfang aussah.«
- »Mit dem hier vorgeschlagenen Vorgehen bin ich ganz sicher, die hohen Anforderungen leicht erfüllen zu können.«

erhöhen Sie das Behalten Ihrer Aussagen und Argumente. Mit dieser Reihenfolge erreichen Sie, daß Herz und Verstand angesprochen werden.

*Ob das jemand verstanden hat? Mir fällt bei der psychologischen Reihenfolge ein Beispiel ein, mit dem ich das, was da abläuft, nachvollziehen kann: Wenn mir jemand eine gute und eine schlechte Nachricht anbietet, dann will ich zuerst die schlechte hören. Dann habe ich zwar für ein paar Sekunden ein schlechtes Gefühl, aber ich hoffe natürlich, daß das gute Gefühl, ausgelöst durch die gute Nachricht, das schlechte Gefühl verdrängen wird.*

Wir wollen Ihnen das mit Hilfe »unseres Beispiels« etwas anschaulicher darstellen:

*Ihr Präsentationsziel: Information*

Sie wollen, daß die bei Ihrer Präsentation anwesenden AbteilungsleiterInnen die ganze überarbeitete Werbekampagne *überhaupt erst einmal kennenlernen.*

Dazu haben Sie alle Inhalte ausgewählt, die Ihrer Meinung nach zum Verständnis der Kampagne notwendig sind. Zusätzlich haben Sie noch Inhalte ausgewählt, die die Anwesenden besonders interessieren könnten.

Ihre Frage an dieser Stelle lautet: »Welche Reihenfolge ist am geeignetsten, um die gesamte überarbeitete Werbekampagne kennenzulernen?«

*Die zwei Möglichkeiten für eine Gliederung*

sachlogische Reihenfolge (zeitlich):

1. Vorgeschichte der ersten Werbekampagne
2. kurze Beschreibung der ersten Werbekampagne
3. Veränderte Rahmenbedingungen
4. Welche Punkte der ersten Kampagne wurden überarbeitet?
5. Gesamtübersicht über die vorliegende überarbeitete Fassung

psychologische Reihenfolge:

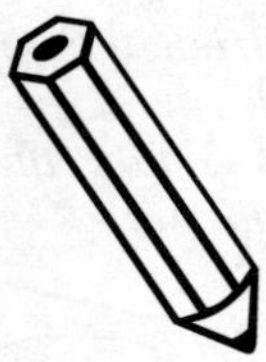

1. Nachteile des ersten Kampagnenentwurfs
2. Vermeidung der Nachteile im überarbeiteten Konzept
3. Leistungen des ersten Kampagnenentwurfs
4. Integration dieser Leistungen in die überarbeitete Fassung

..................................................................................................

..................................................................................................

..................................................................................................

Für welche Gliederung Sie sich endgültig entscheiden, hängt auch von Ihrem *Publikum* und der zur Verfügung stehenden *Zeit* ab. Das sachlogische Vorgehen – hier unter dem Aspekt Zeit – kann für ein erstes Kennenlernen in einem Teilnehmerkreis dann unzweckmäßig sein, wenn die Anwesenden noch nie etwas von einer früheren Fassung der vorgestellten Kampagne gehört haben. Außerdem kostet dieses Vorgehen viel Zeit. Es könnte aber auch sein, daß viele Ihrer TeilnehmerInnen an der ersten Fassung des Kampagne mitgewirkt haben und daß daher ein vergleichendes Vorgehen für das Verständnis besonders hilfreich ist. Die psychologische Reihenfolge bietet sich dann an, wenn Sie besonders die Überlegenheit des überarbeiteten Entwurfs herausstellen wollen.

Grundsätzlich entscheiden Sie immer wieder für Ihre konkrete Situation neu, indem Sie von Ihrem Ziel, Ihrem Publikum und der zur Verfügung stehenden Zeit ausgehen.

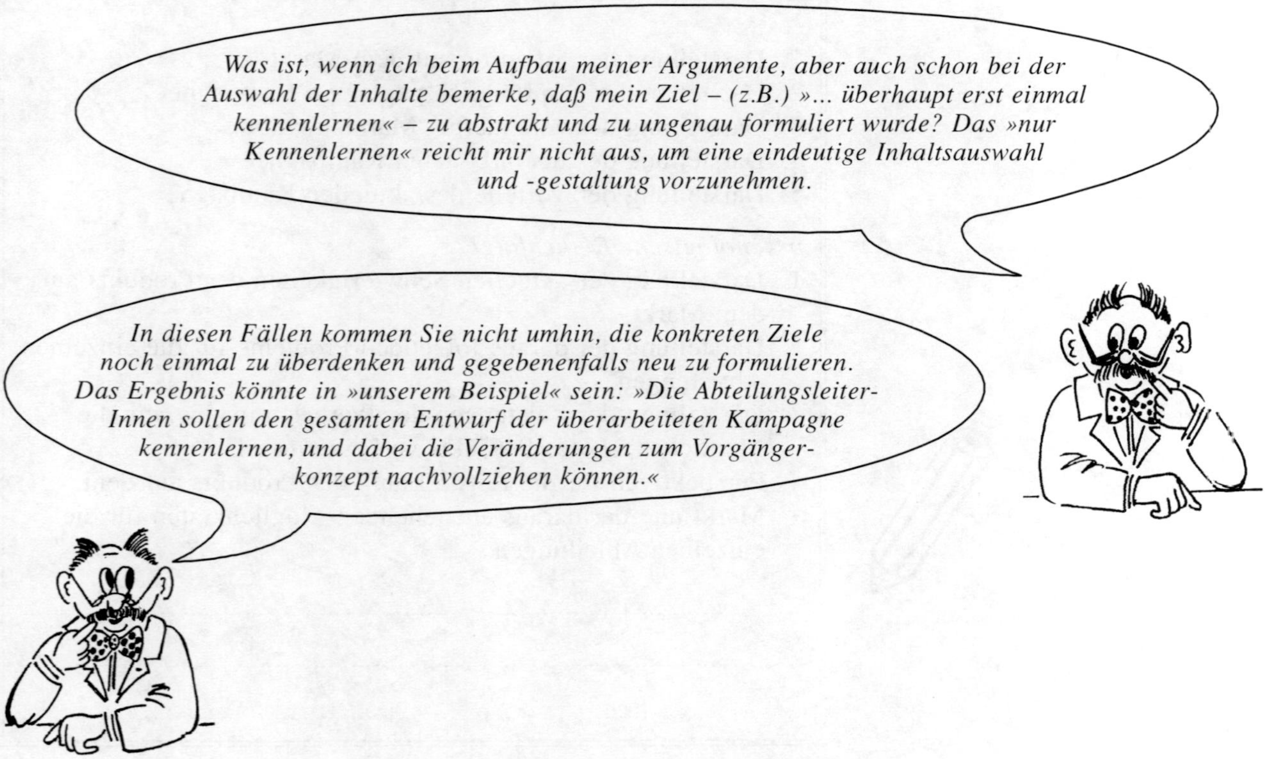

*Ihr Präsentationsziel: Überzeugen*

Sie wollen die AbteilungsleiterInnen davon *überzeugen*, daß die von Ihnen vorgestellte Kampagne Vorteile für das Unternehmen und die einzelnen Abteilungen hat. Die Anwesenden sollen in der Besprechung mit der Geschäftsführung für die Einführung dieser Werbekampagne stimmen.

Sie haben dazu alle Inhalte ausgewählt, die einen *Vorteil*, einen *Nutzen* für das Unternehmen und die Abteilungen darstellen.

Ihre Frage lautet: »Wie baue ich meine Argumentation auf, damit die anwesenden AbteilungsleiterInnen von den Vorteilen des vorliegenden Entwurfs der Werbekampagne überzeugt und dafür auch stimmen werden?«

Die zwei Möglichkeiten für eine Gliederung:

*sachlogische Reihenfolge* (Struktur des Problemlösungsprozesses):

1. Darstellung der Situation auf dem Markt
2. Darstellen der ursprünglich geplanten Kampagne
3. Darstellung der veränderten Marktsituation
4. Darstellung des überarbeiteten Kampagne
5. Darstellung der Vorteile des aktuellen Kampagne

*psychologische Reihenfolge:*

1. Darstellung der aktuellen Schwierigkeiten des Produkts auf dem Markt
2. Darstellung der daraus folgenden Probleme für die einzelnen Abteilungen
3. Darstellung der Leistungen der Werbekampagne, die die Marktchancen des Produkts verbessern soll
4. Perspektiven für die Entwicklung des Produkts auf dem Markt und der daraus entstehenden Möglichkeiten für die einzelnen Abteilungen

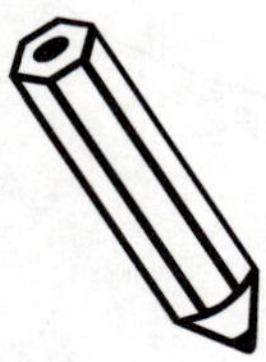

..............................................................................

..............................................................................

..............................................................................

Bei der hier gewählten psychologischen Reihenfolge erfolgt die Aufzählung der einzelnen Leistungen der Kampagne mit steigendem Gewicht. Die gewichtigsten Argumente kommen an das Ende der Reihe. Das Kriterium für die Gewichtsbemessung ist dabei einmal die Bedeutung für die TeilnehmerInnen und zum anderen die Befriedigung ihrer *aktuellen* Bedürfnisse.

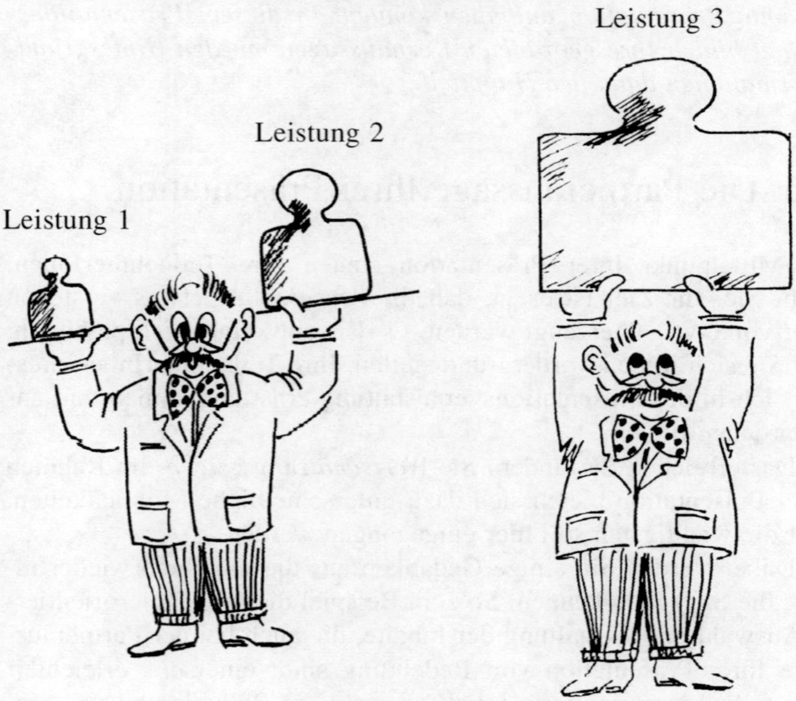


Auch bei einer Überzeugungspräsentation gibt es eine Reihe von Möglichkeiten, die einzelnen Argumente zu gliedern. Auch hier hilft neben der Zielformulierung die Analyse der Zielgruppe und die zur Verfügung stehende Zeit. Aber auch bei einer Überzeugungspräsentation kann es Ihnen passieren, daß Sie Ihr Ziel noch einmal überprüfen und gegebenenfalls umformulieren müssen.

*Das Ergebnis Ihrer bisherigen Vorbereitungsarbeiten besteht darin, daß Sie ein präzise formuliertes Ziel festgeschrieben haben. Zusätz-*

*lich haben Sie die Inhalte bestimmt, die Sie in der Präsentation darstellen wollen. Diese Inhalte sind auch schon in eine zielgerichtete Reihenfolge gebracht.*

*In den nächsten Abschnitten werden Sie noch einige Hinweise zur Vorbereitung der anderen Seiten Ihrer Präsentation finden. Anschließend bieten wir Ihnen ein Beispiel dafür an, wie Sie Ihre gesamte Präsentation aufbauen können. In diesem Präsentationsaufbau bilden Ihre geordneten Kernaussagen mit den Hintergrundinformationen dann den Hauptteil.*

## 2.5 Die Partneraussage Ihrer Präsentation

Im Mittelpunkt Ihrer Präsentation stehen Ihre TeilnehmerInnen, nicht Sie. Ihr Ziel ist es ja, daß die *Anwesenden* etwas verstehen oder von etwas überzeugt werden. Es darf auf keinen Fall passieren, daß *Sie* sich in den Vordergrund stellen. Ihre TeilnehmerInnen müssen sich in der Präsentationsveranstaltung ernst genommen und angesprochen fühlen.

Das erreichen Sie, indem Sie *Wertschätzung zeigen*. Im Rahmen Ihrer Präsentation bieten sich dazu unterschiedliche Möglichkeiten. Auf die wichtigsten soll hier eingegangen werden.

Dabei werden Sie einige Gedanken aus diesem Buch wiederfinden, die Sie schon kennen. So zum Beispiel die teilnehmerorientierte Auswahl und Gestaltung der Inhalte, die auch bei der Partneraussage Ihrer Präsentation von Bedeutung sind: einerseits erleichtert eine teilnehmerorientierte Inhaltsauswahl die Reduzierung des großen Stoffangebots auf ein präsentationsfähiges Maß. Andererseits zeigen Sie durch diese Art der Inhaltsauswahl und -gestaltung Wertschätzung.

### *Teilnehmerorientierte Auswahl und Gestaltung der Inhalte*

Sie wissen bereits, daß die Auswahl der Präsentationsinhalte abhängig ist vom Präsentationsziel, aber immer auch *teilnehmerorientiert* zu sein hat. Und das bedeutet, daß Sie sich bei dieser Auswahl immer auch fragen: »Was interessiert meine TeilnehmerInnen?« (besonders wichtig bei der Informationspräsentation) und »Welchen Nutzen haben meine TeilnehmerInnen von ...?« (wenn Sie diese von etwas überzeugen wollen).

Dadurch werden die Inhalte zu *Inhalten Ihres Publikums*. Denken Sie daran, daß die Anwesenden mit dem guten Gefühl aus der Präsentationsveranstaltung gehen wollen, interessante, »wertvolle«, nützliche oder anwendungsbezogene Informationen erhalten zu haben. Sie wollen etwas mitnehmen, was *für sie* wichtig ist.
»Wertschätzung zeigen« bedeutet weiter, daß Sie diese Informationen *teilnehmerbezogen* gestalten. Dahinter verbirgt sich eine ansprechende Visualisierung, die dazu dient, die mündliche Darstellung Ihrer Inhalte möglichst anschaulich zu unterstützen (s. Kapitel 6).

Hinter teilnehmerbezogener Darstellung des Präsentationsmaterials verbirgt sich aber auch die »*Sie-Ansprache*« des Publikums. Formulieren Sie statt: »*Ich* halte es für wichtig, daß Sie ...« besser »*Für Sie* ist es wichtig ...«, wenn Sie über Standpunkte Ihres Publikums sprechen. Hinter dieser Umformulierung steckt ein grundlegender Positionswechsel, der sich durch die ganze Präsentation ziehen muß: von *»mir ist wichtig«* zu *»was ist für Sie, die Anwesenden wichtig?«*.

## *Teilnehmerorientiertes Verhalten und Sprache*

Um teilnehmerorientiert zu präsentieren und um Wertschätzung auch durch Ihr gesamtes Verhalten und Ihre Sprache zu zeigen, stehen Ihnen eine Reihe von Möglichkeiten zur Verfügung:

- Angemessenen *Blickkontakt* zu den Anwesenden halten
- Freundliche und offene *Mimik* zeigen
- TeilnehmerInnen mit *Namen* ansprechen
- Von Lautstärke und Sprechtempo her *verständliche Sprache* wählen
- Auf Frauen mit *weiblichen Sprachformen* eingehen (»Sie als Abteilungsleiter*in* ...«)

- Eine dem Publikum angemessene Wortwahl treffen (Fachsprache, Fremdwörter)
- Sprechpausen zum gedanklichen »Luftholen« machen
- Durch offene Fragen zur *Beteiligung an der Diskussion* auffordern
- Den Fragenden gegenüber eine aufmerksame und zugewandte *Körperhaltung* zeigen
- Alle Beiträge der TeilnehmerInnen *ernst* nehmen
- Eine dem Publikum angemessene *Kleidung* tragen
- Angekündigte *Zeiten* einhalten

## *Die Gestaltung des äußeren Rahmens*

Wenn Sie Ihr Publikum nicht mögen, wählen Sie für Ihre Präsentation einen (zu) kleinen Raum, unbequeme Stühle (einige TeilnehmerInnen sollten auf alle Fälle stehen), und sorgen Sie für möglichst extreme Temperaturen in ungelüfteten Räumen ...

Sie können Ihrem Publikum die Teilnahme an der Präsentation aber auch durch den äußeren Rahmen angenehm gestalten und auch dadurch Wertschätzung ausdrücken: Dazu gehören unter anderem ein passender Raum, gute Sitzgelegenheiten, ausreichende Sicht auf alle (funktionierenden) Medien und vielleicht auch Kaffee mit Gebäck (s. Kapitel 8: »Die Gestaltung optimaler Rahmenbedingungen«).

*Ihre Vorbereitung:*

✔ Prüfen Sie, inwieweit die Auswahl und Gestaltung Ihrer Inhalte an den Interessen bzw. am Nutzen Ihrer TeilnehmerInnen orientiert ist.

✔ Benutzen Sie für Ihre Präsentation die »Sie-Ansprache«, gehen Sie von der Perspektive Ihrer TeilnehmerInnen aus.

✔ Zeigen Sie durch Ihr gesamtes Verhalten, also auch durch Sprache und Körpersprache Ihrem Publikum gegenüber Wertschätzung.

✔ Zeigen Sie Wertschätzung auch dadurch, daß Sie durch die Organisation der äußeren Rahmenbedingungen eine angenehme Präsentationsatmosphäre schaffen.

## 2.6 Die Selbstaussage in Ihrer Präsentation

In der Präsentation stellen Sie natürlich immer auch Ihre eigene Person dar. Sie machen Aussagen über sich selbst. Wenn Sie also Blickkontakt halten oder bei Fragen aufmerksam und zugewandt zuhören, dann kann bei Ihrem Publikum z.B. der Eindruck entstehen, daß Sie ruhig und geduldig sind und Ihre TeilnehmerInnen ernst nehmen. Diese sind dadurch vielleicht eher bereit, auch Ihnen und Ihrer Präsentation mit Ernst und Aufmerksamkeit zu begegnen.

Es ist egal, welche Informationen Sie während einer Präsentation behandeln, immer stellen Sie gleichzeitig auch sich selbst dar. Und dieser Teil Ihrer Präsentation ist genau so wichtig wie Ziel und Inhalt. Denn was nützt Ihnen die beste Inhaltsaufbereitung, wenn Sie unglaubwürdig und unseriös wirken.

Glaubwürdigkeit und Seriosität lassen sich nur bedingt vorbereiten. Das Wichtigste ist natürlich, daß Ihre Inhalte, Ihre Fakten stimmen. Und dies erreichen Sie durch eine gründliche *inhaltliche Vorbereitung* ...

Auch Ihr *Verhalten Ihrem Publikum gegenüber* ist für Ihre Selbstaussage von Bedeutung: Indem Sie diesem Publikum *Wertschätzung* entgegenbringen, wirkt sich dies auch auf Ihre Selbstdarstellung aus. Denn diese sieht natürlich ganz anders aus, wenn Ihnen Ihre TeilnehmerInnen gleichgültig wären und Sie sich dies auch anmerken ließen.

Über die richtigen Fakten und das Zeigen von Wertschätzung hinaus sollten Sie je nach Art Ihrer Präsentation Wert auf eine *besondere Selbstaussage* legen:

### *Informationspräsentation*

Wenn Sie über etwas informieren wollen, dann sollten Sie auch selbst als informiert vor Ihr Publikum treten. Sie müssen sich als »Fachmann oder Fachfrau« »präsentieren«, als jemand, der oder die weiß, wovon die Rede ist.

Bei der Information der AbteilungsleiterInnen über die überarbeitete Werbekampagne in unserem Beispiel ist es daher wichtig, dieses Konzept möglichst umfassend zu kennen und den Anwesenden das Gefühl zu geben, daß sie ihre Informationen »aus erster Hand« bekommen.

Direkt dazu beitragen sollten Sie, indem Sie in Ihrer Vorstellung zu Beginn der Präsentation (siehe auch unten, Kapitel 3.1) Ihre *»Verbundenheit« mit den Inhalten* ansprechen. Sie können in »unserem Beispiel« z.B. darauf hinweisen, daß Sie engagiert an der Erstellung der Konzeption über einen bestimmten Zeitraum mitgearbeitet haben, daß Ihre Aufgaben dabei waren ...

Indem Sie Ihren inhaltlichen Bezug zum Präsentationsthema ansprechen, nehmen Sie nicht mehr die Rolle eines/r beliebig Berichtenden ein, sondern stellen sich als Fachmann/-frau für das vorliegende Thema dar. Um ein bekanntes Bild zu gebrauchen: Sie sind dann nicht mehr RegierungssprecherIn und berichten »lediglich« über die Aktionen von anderen, sondern PolitikerIn. Sie präsentieren dann Ihre eigene Politik aus erster Hand.

*Überzeugungspräsentation*

Auch wenn Sie Ihr Publikum von etwas überzeugen wollen, müssen Sie natürlich informiert sein. Aber etwas anderes kommt hinzu: Wenn Sie – um unser Beispiel zu nehmen – die AbteilungsleiterInnen von der Mitarbeit in einer Arbeitsgruppe zur Umsetzung der neuen Ideen in das Unternehmen überzeugen wollen, dann sollten Sie selbst auch *Überzeugung ausstrahlen.* Sie selbst sollten davon überzeugt erscheinen, daß eine Mitarbeit in dieser Arbeitsgruppe für die Umsetzung der Werbekampagne notwendig ist.

»Überzeugung ausstrahlen« ist Ihre ureigenste Sache. Hier lassen sich kaum Empfehlungen (wie »sprechen Sie laut und engagiert!« etc.) geben. Prüfen Sie einmal für sich, was Sie machen, wenn Sie überzeugt und engagiert argumentieren. Überlegen Sie dann, ob Sie daraus nicht genügend Anregungen für Ihr Präsentationsverhalten gewinnen.

Auch in einer Überzeugungspräsentation sollten Sie zu Beginn Ihren Bezug zu den behandelten Inhalten ansprechen. Dies ist bei einigen Themenbereichen relativ einfach:

- Zum Beispiel wollen Sie für eine Bürgerinitiative werben. Sie berichten, wie lange Sie dort schon aktiv mitarbeiten und für welche Aufgaben Sie verantwortlich sind.
- Bei der Verkaufspräsentation eines Produkts gibt es die Möglichkeit, darauf hinzuweisen, daß Sie selbst dieses Produkt mit Erfolg nutzen (wenn Sie dies auch wirklich tun).
- In unserem Beispiel – Werben für die Teilnahme an der Arbeits-

gruppe – können Sie z.B. auf Ihre langjährige Kompetenz bei der Umsetzung von aufwendigen Werbekampagnen hinweisen. Sie können sich als jemand darstellen, der oder die über spezielle Erfahrungen darüber verfügt, wie derartige Strategien in die betriebliche Praxis umgesetzt werden. Wenn Sie dann in Ihrer Präsentation vom Nutzen dieser Arbeitsgruppe sprechen, werden Sie überzeugender wirken, als wenn Sie lediglich (z.B.) den Wunsch der Geschäftsleitung nach Bildung einer solchen Arbeitsgruppe bekanntgeben würden.

Bei der Vorbereitung Ihrer Präsentation nimmt der Punkt Selbstaussage sicherlich etwas weniger Aufwand in Anspruch als die anderen drei Seiten (Ziel, Inhalt und Partneraussage). Er sollte aber keinesfalls weniger sorgfältig behandelt werden.

*P.S.:* Daß zu Ihrer Selbstdarstellung auch Ihr äußeres Erscheinungsbild gehört, dürfte offensichtlich sein. Die Frage »Rock oder Krawatte« läßt sich mit Blick auf den Präsentationsanlaß und das Publikum entscheiden. Kleiden Sie sich so, wie *Sie* sich in der konkreten Situation präsentieren wollen. Denken Sie aber auch daran, daß Sie sich in Ihrer Kleidung wohlfühlen, das gibt Ihnen Ruhe und Sicherheit.

*Ihre Vorbereitung:*

✔ Überlegen Sie, ob Sie Ihre Inhalte bisher so gründlich aufbereitet haben, daß Ihnen sachlich keine groben Fehler unterlaufen sind.

✔ Überlegen Sie, ob Sie Ihre Präsentation bisher so vorbereitet haben, daß Sie Ihrem Publikum gegenüber ausreichend Wertschätzung entgegenbringen.

✔ Formulieren Sie Ihren persönlichen Bezug zu den Inhalten; er wird z.B. Teil Ihrer Vorstellung zu Beginn der Präsentation.

✔ Kleiden Sie sich so, wie Sie es für angemessen halten.

## 2.7 Die Vorbereitung der Nachgeschichte

»Wenn Ihr Publikum nach Hause gegangen ist, beginnt die Nachgeschichte Ihrer Präsentation.« Hinter diesem etwas theatralisch klingenden Satz steckt z.B. der Gedanke, daß mit dem Ende der Präsentationsveranstaltung das Ziel dieser Präsentation noch nicht (vollständig) erreicht worden ist und Sie »nachfassen« müssen. Möglich ist aber auch, daß eine »Nachfaßaktion« Teil Ihrer Strategie zur Erreichung Ihres Präsentationsziels ist. In »unserem Beispiel« könnte dies folgendermaßen aussehen:

In Ihrer Überzeugungspräsentation verfolgen Sie das konkrete Ziel, möglichst viele TeilnehmerInnen für die Mitarbeit an der Arbeitsgruppe zur Einführung der überarbeiteten Werbekampagne zu gewinnen. Die endgültige Entscheidung über eine Mitarbeit treffen die Anwesenden aber erst eine oder zwei Wochen nach Ihrer Präsentation, z.B. auf einer regelmäßig stattfindenden Arbeitssitzung. Selbst wenn sich am Ende Ihrer Präsentation einige der Anwesenden für ihre Mitarbeit ausgesprochen haben, kann sich dies im Verlauf der folgenden Wochen noch ändern. Für Sie also die Notwendigkeit, durch eine »Nachgeschichte« zur Präsentation »am Ball zu bleiben«. Ihnen bietet sich gleichzeitig die Chance, noch Unentschlossene zur Mitarbeit zu bewegen. Im Verlauf dieser Nachgeschichte können Sie dann

- ein Protokoll verschicken, daß die Diskussion im Anschluß an die Präsentation wiedergibt,
- das Manuskript Ihrer Präsentation verschicken,
- die wichtigsten Punkte Ihrer Präsentation (z.B. Gründe für eine Teilnahme an der Arbeitsgruppe) zusammenfassen und verschicken,
- einen Telefonrundruf starten,
- eine zusätzliche Diskussionsstunde ansetzen,
- eine fünfminütige Kurzpräsentation vor der regelmäßigen Arbeitssitzung der AbteilungsleiterInnen zum Stand der Arbeitsgruppenbildung halten.
- ...

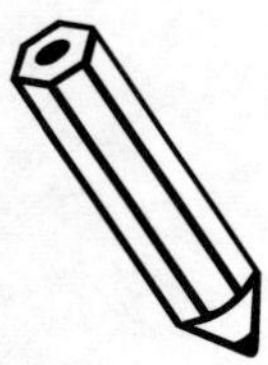

Sicherlich lassen sich noch mehr Aktionen für eine klug gestaltete Nachgeschichte aufführen. Wichtig ist aus dem bisher Gesagten, daß es zwei Möglichkeiten für die Entstehung einer Nachgeschichte geben kann:

1. Während der Präsentationsveranstaltung entsteht eine Situation, die ein gezieltes Nachfassen durch zusätzliche Aktionen erforderlich macht. Derartige Situationen lassen sich kaum vorbereiten.
2. Sie wissen schon vor Beginn Ihrer Präsentation, wie dies auch in unserem Beispiel der Fall ist, daß es eine Nachgeschichte geben wird.

Für die Vorbereitung Ihrer Präsentation interessant ist der zweite Punkt. Denn eine derartige Nachgeschichte muß während der Präsentation angekündigt werden. Und dazu müssen Sie wissen, was Sie unternehmen wollen.

*Ihre Vorbereitung:*

✔ Soll Ihre Präsentation eine von Ihnen gestaltete Nachgeschichte haben?

*Wir* raten Ihnen zu einer solchen Nachgeschichte. Für Sie besteht darin die Chance,
- zusätzlich in Richtung Zielerreichung zu wirken,
- Ihrem Publikum gegenüber Wertschätzung zu zeigen,
- Ihr Publikum auf zukünftige Aktionen vorzubereiten
- sich selbst wieder in Erinnerung zu rufen (positive Selbstdarstellung).

✔ Machen Sie sich also Gedanken darüber, wie diese Nachgeschichte aussehen soll. Beraten Sie sich dabei mit Kollegen und Kolleginnen. Was wollen Sie, was können Sie in der Folge Ihrer Präsentationsveranstaltung unternehmen? Notieren Sie sich die Aktionen, die Sie in jedem Fall durchführen werden.

✔ Dabei kann es sich um ganz unterschiedliche Maßnahmen handeln: Sie können eine zusätzliche, das Thema vertiefende Präsentation vorbereiten, Sie können das Protokoll, die Kopie der eingesetzten Folien, das Manuskript oder auch »nur« Ihre Firmenprospekte verschicken. Sie können einzelne TeilnehmerInnen anrufen und noch einmal bestimmte Punkte ansprechen, Entscheidungen abfragen etc.

✔ Was Sie auch machen, wichtig ist, daß diese Aktionen eindeutig in Verbindung zu Ihrer Präsentation stehen, daß sie konkret an Ihre Veranstaltung anknüpfen.

✔ Die Ankündigung dieser Nachgeschichte ist Teil Ihrer Präsentation. Sie sprechen Ihre Nachgeschichte entweder am Ende Ihrer Darstellungsphase in Verbindung mit dem Schlußappell (s. Kapitel 3) oder am Ende der gesamten Präsentationsveranstaltung nach der Fragerunde/Diskussion an. Ziel dabei ist es, daß Ihre TeilnehmerInnen die Veranstaltung mit dem Gefühl verlassen: »da kommt noch was, die hier gehörten und gesehenen Inhalte bleiben noch weiterhin aktuell.«

## 2.8 Das Präsentationsmanuskript

Für die Durchführung Ihrer Präsentation benötigen Sie ein schriftliches Manuskript. Damit können Sie sicherstellen,

- daß Sie sich hinsichtlich Ihrer Inhalte *sicher fühlen*, denn diese haben Sie »schwarz auf weiß« in der Präsentation dabei;
- daß Sie im Bedarfsfall jederzeit den *roten Faden vor Augen* haben;
- daß Sie sich jederzeit mit einem kurzen Blick auf Ihr Manuskript die benötigten *Informationen ins Gedächtnis rufen* können.

Mit dieser Aufzählung wird auch die wichtigste Funktion des Manuskripts bei der Durchführung einer Präsentation deutlich: Das Manuskript soll *unterstützen*, es soll die Präsentation »im Hintergrund« begleiten, ihren reibungslosen Ablauf sichern helfen. Je besser Sie sich vorbereitet haben, desto weniger werden Sie auf dieses Hilfsmittel zurückgreifen müssen. Sie brauchen Ihr Manuskript aber auch nicht zu verstecken, es ist ein Zeichen dafür, daß Sie sich optimal vorbereitet haben.

Wir wollen Ihnen hier zwei verschiedene Manuskriptformen vorstellen:

– das Stichwort-Manuskript
  und
– das vollständig ausformulierte Manuskript.

## *Das Stichwort-Manuskript*

Das Stichwort-Manuskript ist unserer Meinung nach die am besten geeignete Unterlage für eine Präsentation. Nachdem Sie gut vorbereitet sind, haben Sie die Inhalte, die Sie präsentieren, im Kopf. Sie können also frei referieren, unterstützt durch Ihre Visualisierungen und gelegentlich durch die Stichworte Ihres Manuskripts.

Der Vorteil dieser Manuskriptform besteht darin, daß Sie »gezwungen« werden, frei zu reden. Sie können Ihr Publikum anschauen und treten in direkten Kontakt zu Ihren Teilnehmern und Teilnehmerinnen. Ihre Präsentation wirkt dadurch lebhafter und natürlicher. Die Stichworte auf Ihrem Manuskript geben Ihnen dazu regelmäßige Hinweise/Informationen, die Sie dann mit Ihren eigenen Worten spontan ausformulieren.

Lediglich an zwei Stellen während Ihrer Präsentation sollten Sie einen Text schriftlich ausformuliert haben und diesen gegebenenfalls auch ablesen: Das gilt zum einen für die ersten Sätze Ihrer *Einleitung*. Hier hilft Ihnen der wörtlich ausformulierte Text, sich warmzulaufen und einen sicheren Einstieg zu finden. Wenn die ersten Sätze einmal gelungen sind, läuft der Rest meist »wie von selbst«.

Die zweite Stelle, bei der sich ein ausformulierter Manuskripttext als nützlich erweist, ist der *Schlußappell*, also die Aufforderung zum Handeln, die Sie am Ende an Ihre TeilnehmerInnen richten. Ein sorgfältig formulierter Schlußappell ist sehr wichtig, und sollte vorher gut überlegt und in der Präsentation auch korrekt vorgetragen werden. (Wir werden im Kapitel 3 noch ausführlich auf die einzelnen Bausteine für den Aufbau Ihrer Präsentation eingehen.)

In der Praxis wird das Stichwort-Manuskript in zwei unterschiedlichen Varianten benützt: als klassisches Manuskript auf normalem DIN A4-Papier oder als Stichwort-Manuskript auf Karteikarten.

Für beide Varianten gibt es eine Reihe *gemeinsamer Empfehlungen*:

– Verwenden Sie festes Papier (ist bei den herkömmlichen Karteikarten selbstverständlich).
– Beschriften Sie die Blätter nur einseitig.
– Schreiben Sie gut lesbar. Also so groß, daß Sie Ihre Schrift auch in einer Entfernung von ca. 1 Meter noch gut lesen können.
– Numerieren Sie die einzelnen Blätter/Karten (für den Fall, daß sie einmal herunterfallen).
– Benutzen Sie bei der Beschriftung Farben. Geben Sie den einzelnen Farben eine eindeutige Bedeutung (z.B.):
  *rot* für Überschriften, Hervorhebungen, Kernaussagen etc.;
  *blau* für an sich selbst gerichtete Regieanweisungen
  (»lauter sprechen«, »Zeit zum Nachdenken geben«), Zitate etc.;
  *grün* für den Einsatz von Medien
  (»Folie 10 Sekunden unkommentiert liegen lassen.«;
  »Flipchartblatt nach dem Erklären an die Wand hängen.«).

*Besondere Empfehlungen für das Arbeiten mit Manuskriptblätter im Format DIN A 4*

– Strukturieren Sie Ihre Seiten so, daß Sie ohne Mühe das für sie wichtige Gliederungsschema erkennen können. Sie können z.B. das Blatt durch eine senkrechte Linie im Verhältnis 2/3 zu 1/3 aufteilen. Auf die linke Seite kommen dann Ihre Kernaussagen, während Sie rechts die Hintergrundinformationen finden.

**Beispiel für eine Manuskriptseite im Format DIN A4**

**Begrüßung:**

1

**Sehr geehrte Damen und Herren, wir kommen zum Tagesordnungspunkt "*Vorstellung der überarbeiteten Werbekampagne*".**

**Für dieses Thema steht uns 1 Stunde zur Verfügung. Meine Präsentation wird 30 Minuten dauern. Für die anschließende Diskussion und Beantwortung von Fragen haben wir ebenfalls 30 Minuten Zeit.**

**Ich möchte die Vorstellung der Kampagne folgendermaßen gestalten:**

***Die neue Werbekampagne*** Thema

Flipchart kurz erläutern

**** Notwendigkeit einer neuen Werbekampagne***

**** Ablauf und Inhalt der Kampagne***

**** Besonderheiten der neuen Kampagne:***

- ***Nutzung mehrerer Medien***
- ***Erweiterung der Zielgruppe***
- ***Integration der Firmenphilosophie***

**** Auswirkungen auf die Marktposition***
- ***unseres Produkts***
- ***des Unternehmens***

**** Fragen und Diskussion***

Flipchart an Pinwand

– Kennzeichnen Sie insbesondere die einzelnen Blöcke Einleitung, Hauptteil, Schluß, indem Sie z.B. Papier unterschiedlicher Farbe verwenden.

*Besondere Empfehlungen für das Arbeiten mit Karteikarten*

– Verwenden Sie die Karten, mit denen Sie sich am sichersten fühlen (Größe DIN A 5 oder DIN A 6).
– Numerieren Sie die einzelnen Karten.
– Nutzen Sie die Möglichkeiten, die Ihnen farbige Karteikarten bieten: Sie können damit Ihre Gliederung (Einleitung/Hauptteil/Schluß) kennzeichnen. Sie können aber auch Ihre unterschiedlich gewichteten Informationen (Kernaussagen/Hintergrundinformationen) auf jeweils gleichfarbige Karten schreiben. Während der Präsentation können Sie dann entscheiden, bei welcher Kernaussage Sie noch weitere Informationen anführen bzw. auf derartige Informationen verzichten.

Das Arbeiten mit Karteikarten bringt *zusätzliche Vorteile*:

– Die Reihenfolge der Karten kennzeichnet gleichzeitig den roten Faden Ihrer Präsentation.
– Durch das Umstecken der Karteikarten machen Sie »automatisch« die für eine Präsentation notwendigen Sprechpausen.
– Ihre Informationen sind stets übersichtlich geordnet.
– Bei kurzfristigen Änderungen der Präsentationsinhalte können Sie leicht Karten austauschen oder die Reihenfolge der Karten umstellen.

Für welche der beiden Varianten des Stichwort-Manuskripts Sie sich entscheiden, liegt an Ihren persönlichen Vorlieben. Was Sie auch bisher bevorzugt haben, probieren Sie bei einer Ihrer nächsten Präsentation einmal die andere Variante aus. Prüfen Sie dabei für sich, ob Sie damit besser oder schlechter zurechtkommen. Vielleicht entdecken Sie auf diese Weise die für Sie optimale Form.

### *Das vollständig ausformulierte Manuskript*

Die Ausführungen zum Stichwort-Manuskript haben deutlich werden lassen, daß wir von der Verwendung des vollständig formulierten Manuskripts abraten. Die Anwendung dieses Manuskripts führt in der Regel zu einem mechanischen Ablesen des Textes ohne ausreichenden Blickkontakt zum Publikum. Häufig lassen sich schriftlich vorformulierte Texte auch besser lesen als anhören. Schreibe ist keine Rede; entsprechend spröde und gestelzt wirkt sie in der Präsentation.

Trotzdem gibt es Situationen, in denen Sie für Ihre Präsentation ein vollständig formuliertes Manuskript benutzen sollten. Hauptsächlich dann, wenn Sie sich nicht sicher genug fühlen, eine bestimmte Präsentation mit dem Stichwort-Manuskript zu halten.

Für diesen Fall sollten Sie einige *Empfehlungen* beachten, die versuchen, die Nachteile des vollständig ausformulierten Manuskripts aufzufangen:

- Formulieren Sie Ihr Manuskript möglichst in der Sprache, in der Sie sprechen. Benutzen Sie dazu kurze Sätze bestehend aus einem Haupt- und einem Nebensatz. Verwenden Sie möglichst viele Tätigkeitswörter.
- Lesen Sie Ihr Manuskript laut vor (vor Freunden, Freundinnen oder auf ein Tonband) und ändern Sie anschließend die Formulierungen, die (Ihnen oder den anderen) nicht gefallen.
- Schreiben Sie Ihren Text einseitig auf Karteikarten oder auf DIN A4-Blätter.
- Schreiben Sie Ihren Text so, wie Sie ein Stichwort-Manuskript gestalten würden: Lassen Sie viel Raum zwischen den einzelnen Abschnitten. Schreiben Sie mit möglichst großer Schrift. Gliedern Sie den Text, indem sie z.B. die Kernaussagen in einem eigenen Abschnitt plazieren.
- Markieren Sie sich die Stellen im Text, bei denen Sie eine kurze (3–5 Sekunden) »Lufthol-« (für Sie) und »Nachdenkpause« (für Ihr Publikum) machen wollen.

– Nutzen Sie wie bei einem Stichwort-Manuskript unterschiedliche Farben, um Hervorhebungen oder Ihre eigenen »Präsentationsanweisungen« zu kennzeichnen.

Diese Empfehlungen versuchen, das vollständig ausformulierte Manuskript an das Stichwort-Manuskript anzupassen. Dadurch soll es zum einen seine besondere Funktion erfüllen und Ihnen die Sicherheit eines ausformulierten Textes geben. Zum anderen bietet Ihnen die vorgeschlagene Form die Chance, dieses Manuskript im Verlauf der Präsentation so zu gebrauchen wie ein Stichwort-Manuskript.

## 2.9 Das schriftliche Material für die TeilnehmerInnen

Für jede Präsentation stellt sich die Frage nach schriftlichem Material für die TeilnehmerInnen. In einigen Unternehmen und Institutionen ist es üblich, ja sogar verpflichtend, begleitend zur Präsentation ein sogenanntes »Handout« auszugeben. In vielen Fällen aber bleibt es Ihnen selbst überlassen, ob Sie Material verteilen und zu welchem Zeitpunkt Sie dies tun.

Die häufigste Frage, die in diesem Zusammenhang gestellt wird, betrifft den Zeitpunkt des Austeilens: »Wann soll ich schriftliche Unterlagen austeilen, vor bzw. während meiner Präsentation oder erst im Anschluß daran?«

Die folgenden Überlegungen orientieren sich an dieser Frage.

### *Die Ausgabe von schriftlichem Material vor oder während einer Präsentation*

Es kann mehrere Gründe geben, Unterlagen für die TeilnehmerInnen Ihrer Präsentation schon vor Beginn oder auch während des Verlaufs auszuteilen. Gelegentlich bestehen die Auftraggeber einer

Präsentation darauf, sie möchten »etwas in den Händen haben«, während Sie präsentieren.

Es kann aber auch inhaltliche Gründe geben:

- Die Anwesenden sollen den Ablauf einer längeren Präsentationsveranstaltung vor sich liegen haben, damit sie ihre individuelle Terminplanung damit koordinieren können.
- Es werden hochkomplexe Zusammenhänge präsentiert. Die TeilnehmerInnen bekommen einige der in der Präsentation gezeigten Visualisierungen als Papierausdruck und haben so die Möglichkeit, sich eigene Notizen zum Verständnis dieser Zusammenhänge zu machen.

Mit diesem Beispielen sind auch die wichtigsten Funktionen des vorab ausgegebenen Materials genannt:

- Es soll die Orientierung über den Ablauf der Präsentationsveranstaltung erleichtern;
- und es soll das inhaltliche Verständnis unterstützen.

Ein großer *Nachteil* bei der Materialausgabe vor bzw. während der Präsentation besteht darin, daß die TeilnehmerInnen in den Unterlagen blättern und dadurch nicht mehr ungeteilt Ihrer Präsentation folgen können.

Derartige Störungen müssen Sie bei der Erstellung Ihrer Unterlagen natürlich berücksichtigen. Deshalb die folgenden *Empfehlungen* für die Gestaltung:

- Der gesamte Umfang des Handouts sollte maximal 4 Seiten betragen.
- Die erste Seite sollte den inhaltlichen Aufbau der Präsentation enthalten und damit den »roten Faden« der Präsentation verdeutlichen.
- Bei Texten nur einige Kernaussagen, Schlagwörter auf eine Seite bringen. Gleichzeitig viel Platz für eigene Notizen lassen. Auf diesen Seiten kann also das Wichtigste mit einem Blick erfaßt werden.

Derartig gestaltete Unterlagen dienen während der Präsentation ausschließlich zur Orientierung und zum Verständnis nur einiger komplexer Zusammenhänge. Differenzierter aufbereitetes Material sollte möglichst erst im Anschluß an die Präsentation verteilt werden.

### *Die Ausgabe von schriftlichem Material nach der Präsentation*

Im Anschluß an Ihre Präsentation haben Sie die Möglichkeit, den Anwesenden auch etwas »mit nach Hause« zu geben. Sie können die Unterlagen aber auch mit etwas Zeitverzögerung an die TeilnehmerInnen verschicken. In beiden Fällen haben Sie die Chance, durch Ihre Unterlagen auch nach Abschluß Ihrer Veranstaltung »nachzuwirken«. Sie sind also Teil der *Nachgeschichte* Ihrer Präsentation. Das bedeutet, daß Sie sich genau überlegen müssen, was Sie mit diesen Unterlagen erreichen wollen. Einige Beispiele:

- Die Unterlagen können der Nachbereitung der Präsentation dienen: das, was die TeilnehmerInnen nicht verstanden haben, können sie später in Ruhe nachlesen.
- Die Unterlagen können – besonders bei einer Überzeugungspräsentation – Ihre wichtigsten Argumente in übersichtlich gestalteter Form darstellen und so die LeserInnen noch einmal mit Ihrem Appell/Ihrem Anliegen konfrontieren.
- Die Unterlagen können zusätzliche Informationen zu Ihnen, Ihrem Unternehmen oder Produkt enthalten und somit zusätzlich als Werbeträger fungieren.

Sie können natürlich auch verschiedene Funktionen kombinieren. Was immer Sie mit Ihren Unterlagen erreichen wollen, das wichtigste Kriterium für die Erstellung ist die Frage: »Wie müssen die Unterlagen aufgebaut und gestaltet sein, damit sie von den Teilnehmern und Teilnehmerinnen im Anschluß an die Präsentationsveranstaltung auch gelesen werden?«

Einige *Empfehlungen:*

- Die Unterlagen müssen einen Bezug zu Ihrer Präsentation haben. Ihre TeilnehmerInnen haben zu Ihrer Präsentation einen »persönlichen Bezug« hergestellt, der sich auch teilweise auf die Unterlagen übertragen läßt.
- Auch für diese Unterlagen gilt: »Weniger ist mehr«. Versuchen Sie möglichst knappe Unterlagen zu erstellen. Sie erhöhen damit die Chance, daß sie gelesen werden.
- Veröffentlichen Sie kein vollständig ausformuliertes Präsentationsmanuskript, denn die TeilnehmerInnen kennen Ihre Präsentation bereits. Es genügt völlig, die wichtigsten Kernaussagen und Hintergrundinformationen stichwortartig auf *wenigen* Seiten zu skizzieren.
- Bilden Sie die wichtigsten Visualisierungen in den Unterlagen ab. An diese erinnern sich die TeilnehmerInnen am leichtesten.
- Verteilen oder verschicken Sie nur *gut und ansprechend gestaltete* Unterlagen. Das schriftliche Material, das Sie verteilen, ist *Ihr Produkt*, eine der *Visitenkarten* Ihrer Präsentation, und die sollte für Sie sprechen, nicht gegen Sie.

Weitere Hinweise für die Gestaltung des schriftlichen Materials (Einsatz von Farben, Überschriften, Informationsmenge etc.) können Sie auch dem Kapitel 6 entnehmen, das sich mit der Erstellung von Visualisierungen beschäftigt.

**Beispiel für eine Teilnehmerunterlage (Blatt 1)**

**Präsentation der überarbeiteten Werbekampagne**
**in der Abteilungsleitersitzung**

**1. Die Ziele der überarbeiteten Werbekampagne**

* Darstellung des veränderten Firmenimages auf dem Markt.
* Zurückgewinnung von Marktanteilen des Produkts ...

**2. Die Notwendigkeit einer neuen Werbekampagne**

* Bekanntmachung des veränderten Firmenimages auf dem Markt
* Zurückgewinnung von Marktanteilen des Produkts ...

**3. Ablauf und Inhalte der Kampagne**

* ...
* ...

Raum für Notizen lassen!

*Ihre Vorbereitung:*

- ✔ Überlegen Sie während der Vorbereitung Ihrer Präsentation, mit welchem Ziel Sie schriftliche Unterlagen an Ihr Publikum verteilen wollen.
- ✔ Überlegen Sie, ob Sie einige Unterlagen schon vor bzw. während der Präsentation ausgeben wollen. Gestalten Sie diese Unterlagen so, daß sie die TeilnehmerInnen möglichst wenig vom Geschehen in Ihrer Präsentation ablenken.
- ✔ Überlegen Sie, ob Sie Unterlagen nach der Präsentation verteilen wollen. Was wollen Sie mit diesen Unterlagen erreichen (Stichwort: »Nachgeschichte«)? Entwerfen und gestalten Sie Ihr Material entsprechend.
- ✔ Achten Sie darauf, daß Ihre Unterlagen von Form und Inhalt her ansprechend gestaltet sind. Sehen Sie diese Unterlagen als eine wichtige »Präsentationsvisitenkarte«.

## 2.10 Ein paar Gedanken zur Zeit

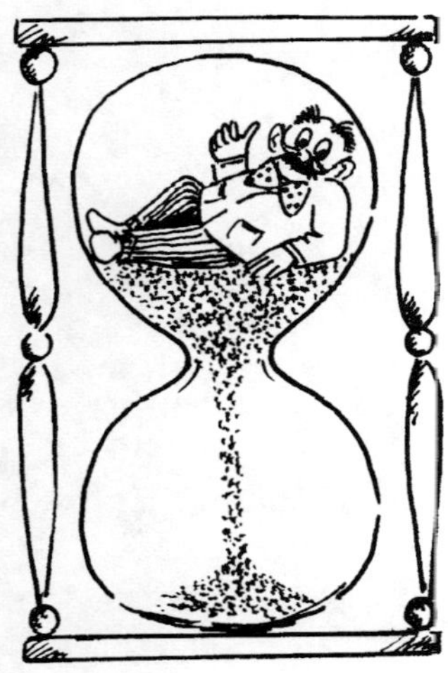

Von Tucholsky stammen die »Ratschläge für einen schlechten Redner«. Darin heißt es: »Sprich nie unter anderthalb Stunden, sonst lohnt es gar nicht, erst anzufangen. Wenn einer spricht, müssen die anderen zuhören – das ist deine Gelegenheit! Mißbrauche sie!«

Jede Präsentation hat eine Zeitvorgabe. Diese wird Ihnen von außen gesetzt, oder Sie setzen sie sich selbst. Im letzteren Fall sollten Sie sich an der Belastbarkeit Ihrer ZuhörerInnen orientieren. Und die liegt bei ca. 45 Minuten. Länger kann kaum jemand – selbst wenn er oder sie aus der Vorstandsetage eines Unternehmens kommen – aufmerksam zuhören und zusehen. Dann ist eine Pause fällig. Gehen Sie also auf keinen Fall von Ihren Inhalten aus, nach dem Motto: »für die und die Inhalte brauche ich ...«. Auch Ihr Ziel legitimiert keine Überlängen, denn das Ziel können Sie auch mit einer kurzen Präsentation erreichen.

Wird Ihnen die Zeit vorgegeben, dann halten Sie diese ein, und zwar möglichst auf die Minute. Es wird kaum jemand der Anwesenden etwas dagegen haben, wenn Sie weniger Zeit benötigen als angekündigt. Aber es wäre ausgesprochen unhöflich Ihrem Publikum gegenüber, wenn Sie Ihre Zeit ungebührlich überzögen. Sie verfügen dabei über die Zeit der anderen, ohne dies vorher abgesprochen zu haben.

Etwas versöhnlicher: Sie brauchen Ihre Zeit nicht zu überziehen. Durch Ihre Vorbereitung haben Sie ausreichend Gelegenheit, die Präsentation auch zeitlich maßzuschneidern.

Es ist eine immer wiederkehrende Erfahrung, daß Sie für die Präsentation, die Sie nach der Vorbereitung »einmal stehen haben«, etwa das Doppelte der Zeit benötigen, an die Sie während dieser Vorbereitung gedacht hatten.

Die effektivste Methode, Ihre Präsentation auf das von außen oder von Ihnen selbst geforderte Zeitmaß zu bringen, besteht darin, die Präsentation vorab als Generalprobe zu halten und dabei Zeit zu nehmen.

Und danach können Sie kürzen (der umgekehrte Fall ist eher die Ausnahme):

- Überlegen Sie, auf welche *Hintergrundinformationen* Sie verzichten können, ohne die Verständlichkeit der Kernaussagen zu gefährden.
- Überlegen Sie alsdann, ob Sie auf einzelne *Kernaussagen* verzichten können, ohne Ihr Ziel – Information über einen Sachverhalt oder Überzeugung von einer Idee etc. – zu gefährden.

# 3. Der Aufbau und die Durchführung Ihrer Präsentation

Nach der bisherigen Vorbereitung haben Sie schon einen großen Teil der notwendigen »Kopfarbeit« für eine erfolgreiche Präsentation geleistet:

- Sie haben sich einige Überlegungen zur Vorgeschichte der anstehenden Präsentation gemacht;
- Sie haben die konkreten Ziele für Ihre Präsentation formuliert;
- Sie wissen nach der Adressatenanalyse, wem Sie präsentieren werden;
- Sie haben die passenden Inhalte ausgewählt und gestaltet;
- Sie haben überlegt, wie Sie Ihrem Publikum Wertschätzung entgegenbringen und sich selbst angemessen darstellen werden;
- Sie haben erste Überlegungen zur Nachgeschichte angestellt;
- Sie wissen, welche Form Ihr Präsentationsmanuskript haben soll.

Mit diesen Schritten haben Sie gute Vorarbeiten an »allen Ecken« Ihrer Präsentation geleistet.

Sie können jetzt den Ablauf gestalten. Wie fangen Sie an, wie sieht der Hauptteil aus und wie beenden Sie Ihre Darstellung?

Dazu schlagen wir Ihnen vor, Ihre Gliederung am klassischen Muster von »Einleitung – Hauptteil – Schluß« zu orientieren. Unterhalb dieser groben Einteilung finden sich natürlich einige »Feinheiten«. Die folgende Abbildung gibt dazu einen Überblick:

***Einleitungsteil* (15%)**

- **Begrüßung und namentliche Vorstellung**
- **Überschrift der Präsentation / Inhalte / Ablauf**
- **Darstellung Ihrer fachlichen Kompetenz**
- **Zielsatz: Die konkreten Ziele der Präsentation**

***Hauptteil* (75%)**

- **Rahmeninformationen zur Präsentation**
- **die Reihenfolge Ihrer Aussagen und Argumente**

***Schlußteil* (10%)**

- **Zusammenfassung**
- **Schlußappell: Aufforderung zum Handeln, zum Weiterdenken, zur Diskussion etc.**

## 3.1 Einleitungsteil

Unser Vorschlag sieht für die Einleitung vier Bausteine vor. Insgesamt sollte die Einleitung aber nur ca. 15% der für die Präsentation vorgesehenen Zeit in Anspruch nehmen. Denken Sie daran, wenn Sie den Ablauf vorbereiten und die Präsentation in einer Generalprobe üben.

In der Praxis hat es sich als sinnvoll herausgestellt, einzelne Teile der Einleitung (z.B.)
- die ersten Sätze der Begrüßung,
- die Namen der Gruppenmitglieder bei einer Gruppenpräsentation,
- die Namen einzelner TeilnehmerInnen, soweit sie angesprochen werden sollen,
- die exakte Formulierung des Präsentationszieles, den Zielsatz,

im Präsentationsmanuskript auszuformulieren und vorzulesen.

### *Begrüßung und namentliche Vorstellung*

*Der Leitgedanke: Die TeilnehmerInnen sollen ihre Aufmerksamkeit auf Sie richten und sich mit Ihnen vertraut machen können.*

Gestalten Sie die *Begrüßung* freundlich und sympathieerweckend. Nutzen Sie die hohe Anfangsaufmerksamkeit im Publikum und wenden Sie sich ihm mit Körperhaltung, Blickkontakt, Mimik und Gestik ganz zu.

Versuchen Sie, diese Anfangsaufmerksamkeit auf sich zu beziehen. Eröffnen Sie mit einer Begrüßung, die das Publikum anspricht. So können Sie z.B.

- eine *rhetorische Frage* stellen: »Haben Sie sich nicht auch schon gewundert, daß wir unsere Werbekampagne schon wieder überarbeitet haben?«
- ein *Zitat* bringen: »Erich Kästner hat einmal gesagt: ›Es gibt nichts Gutes, außer man tut es.‹ Für uns im Marketing dagegen ...«
- mit *spektakulären Fakten* aufwarten: »In den letzten 6 Monaten hat unsere Konkurrenz ...«

Sie können auch mit einem *Witz* oder mit einer *lustigen Geschichte* anfangen. Was immer Sie auch wählen, es sollte zum Anlaß der Präsentation, zu Ihrem Publikum und *zu Ihnen passen.* Alles andere wirkt künstlich und aufgesetzt.

Wenn Sie sich nicht ganz sicher sind, mit welchen Worten Sie anfangen können, wählen Sie eine einfache, aber immer passende Eröffnung, die so oder ähnlich lauten kann: »Guten Tag meine Damen und Herren, ich begrüße Sie zu unserer heutigen Präsentation.«

Stellen Sie sich in dieser anfänglichen Begrüßung nur durch die *Nennung Ihres vollständigen Namens* vor. Nennen Sie dabei Ihren Namen langsam und verständlich, damit die TeilnehmerInnen Sie mit Ihrem Namen ansprechen können, ohne erst nachfragen zu müssen, »Wie hießen Sie noch? Können Sie das einmal buchstabieren?«. Schreiben Sie daher Ihren Namen für alle sichtbar an oder stellen Sie ein Namensschild auf.

## *Überschrift der Präsentation/Inhalte/Ablauf*

*Der Leitgedanke: Die TeilnehmerInnen brauchen eine Orientierung.*

Nennen Sie nun das Thema der Präsentation und stellen Sie den geplanten Ablauf vor. Thema und Ablauf sollten Sie auf jeden Fall visualisieren, am besten so, daß sie während der ganzen Veranstaltung einzusehen sind. Nehmen Sie dazu ein Flipchart-Blatt, das Sie an eine Wand hängen. Sollten Sie während Ihrer Präsentation Teilnehmerunterlagen ausgeben (siehe Kapitel 2.9), so können Sie an dieser Stelle ein erstes Blatt verteilen, auf dem Thema und Ablauf stehen.

Geben Sie dabei auch die zeitliche Dauer der Veranstaltung und eventuelle Pausen an. Weisen Sie auf die Möglichkeit hin, im Anschluß an Ihre Präsentation Fragen zu stellen und zu diskutieren.

Inhalts- und Zeitstruktur bilden einen wichtigen »roten Faden«. Er erleichtert die Aufnahme der Informationen und steigert die anschließende Behaltensleistung. Beides wird dadurch noch unterstützt, daß der Ablauf der Präsentation für Ihr Publikum *während der gesamten Veranstaltung* sichtbar bleibt.

Gleichzeitig schaffen Sie Transparenz. Sie geben den Anwesenden jederzeit das sichere Gefühl, genau zu wissen, worüber gerade gesprochen wird.

**Thema und Ablauf der Präsentation**

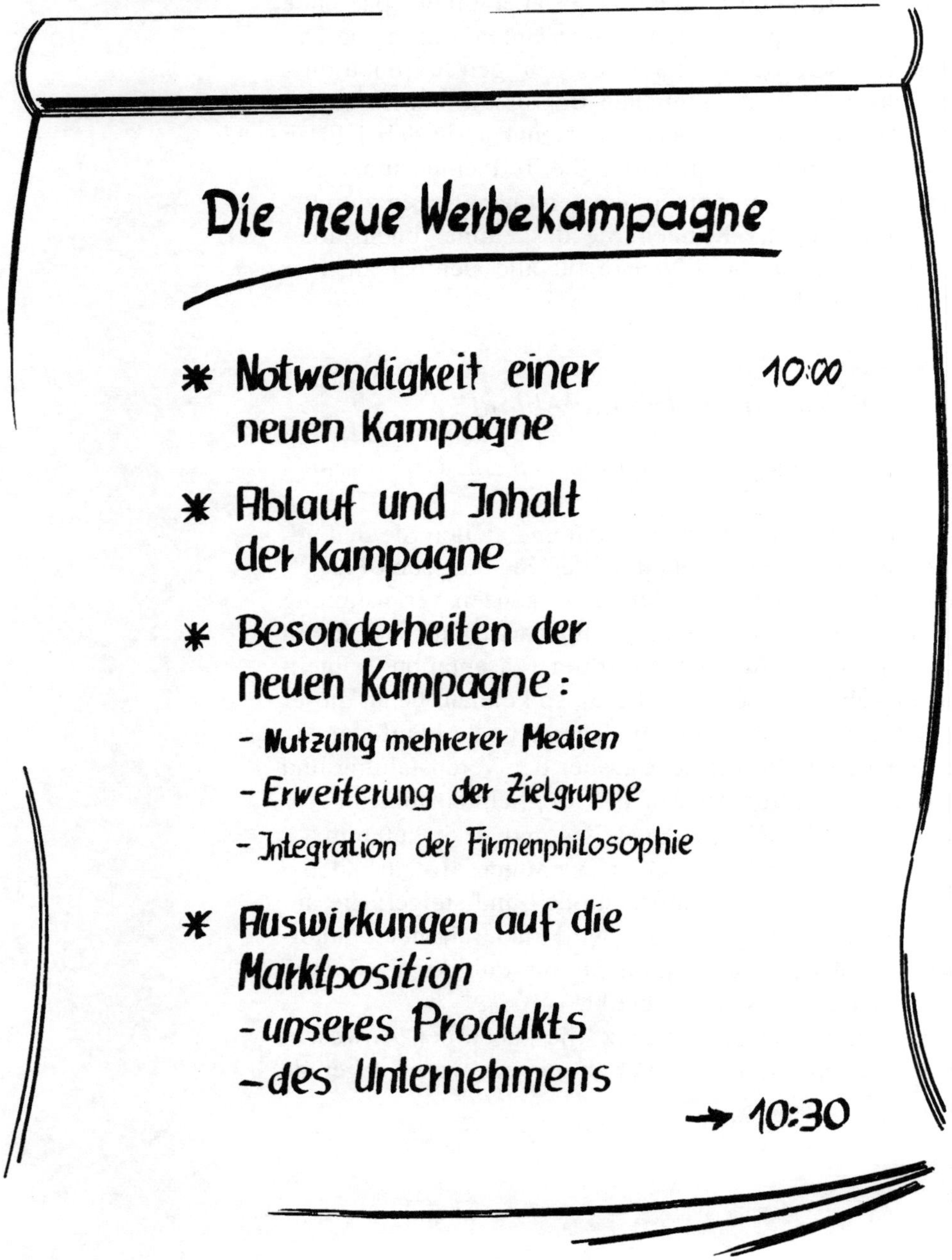

### *Darstellung Ihrer fachlichen Kompetenz*

*Der Leitgedanke: Die TeilnehmerInnen sollen zu Ihnen Vertrauen entwickeln.*

Mit der Vorstellung Ihrer fachlichen Kompetenz zum Thema gestalten Sie einen wichtigen Teil Ihrer Selbstaussage. Informieren Sie kurz über Ihre Tätigkeit und über Ihren konkreten Bezug zum Inhalt der Präsentation (vgl. dazu die Beispiele in Kapitel 2.6).

Mit dieser Darstellung Ihrer »inhaltlichen Verbundenheit« bieten Sie Ihrem Publikum einen wichtigen Baustein für das Vertrauen an, das Ihren Ausführungen entgegengebracht werden soll. Wenn Sie sich als Mitglied der Projektgruppe vorstellen, die die überarbeitete Werbekampagne entwickelt hat, wir man eher geneigt sein, Ihrer Darstellung zu glauben als wenn Sie über etwas berichten würden, mit dem Sie ansonsten nichts zu tun haben.

### *Der Zielsatz*

*Der Leitgedanke: Die TeilnehmerInnen sollen wissen, welche konkreten Ziele Sie bei ihnen erreichen wollen.*

Am Ende Ihrer Einleitung stellen Sie die konkreten Ziele der Präsentation vor. Sie können dabei auf die Zielformulierung aus der Vorbereitung zurückgreifen.
Vielleicht werden Sie jetzt sagen: »Ich kann doch nicht gleich mit der Tür ins Haus fallen!«

Doch genau da liegt der springende Punkt.

Mit einem einfühlsam formulierten, klar und offen ausgesprochenen Zielsatz öffnen Sie die »Tür zu den Anwesenden«. Denen dürfte in den meisten Fällen ohnehin bekannt sein, worum es Ihnen in der Präsentation geht. Durch Offenheit vermeiden Sie dann auch »unangenehme aha-Erlebnisse«, wenn Sie am Ende Ihrer Ausführungen endlich »die Katze aus dem Sack lassen«: »Aha, darum geht es also in Wirklichkeit die ganze Zeit über!«

Dies gilt besonders für die Überzeugungspräsentation. In unserem Alltag erleben wir häufig, daß uns ein Produkt oder eine Idee

»*nur*« einmal *vorgestellt* werden soll. Und am Ende kommt das, was wir schon geahnt haben: der Bestellschein, der Mitgliedsantrag etc. Wir sollten unter dem Vorwand, informiert zu werden, in Wirklichkeit überredet, zum Kauf manipuliert etc. werden. Als Gefühl kann zurückbleiben: »Hier wurde eingangs mit falschen Karten gespielt«. Dies gilt auch für eine Präsentation: Wenn sich hinter der vorgeschobenen Absicht »es geht hier nur um Information ...« letztlich eine Überzeugungspräsentation verbirgt (es soll zum Kaufen angeregt werden), können sich Ihre TeilnehmerInnen zu Recht »hintergangen« fühlen.

Durch die Zielnennung in der Einleitung präsentieren Sie sich dagegen als offen und fair (Selbstaussage). Gleichzeitig signalisieren Sie, daß Sie die Anwesenden als gleichberechtigte GesprächspartnerInnen behandeln, denen Sie Wertschätzung und Vertrauen entgegenbringen (Partneraussage).

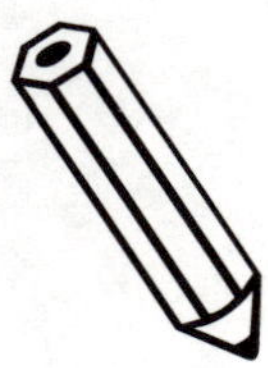

In unserem Beispiel könnte der Zielsatz für eine *Informationspräsentation* lauten: »Meine Damen und Herren, Ihnen allen ist die erste, frühere Fassung unserer Werbekampagne vertraut. Sie sollen in dieser Präsentation alle veränderten Bestandteile der neuen Fassung kennenlernen. Sie bekommen damit eine Informationsgrundlage, mit deren Hilfe Sie abschätzen können, welche zukünftigen Aufgaben auf Ihre Abteilungen zukommen werden.«

In einer *Überzeugungspräsentation* ließe sich folgender Zielsatz denken: »Ich möchte Sie von den Vorteilen, die die neue Kampagne für das gesamte Unternehmen und gleichzeitig für Ihre Abteilungen bringt, überzeugen. Gleichzeitig möchte ich Sie für die Mitarbeit an der Arbeitsgruppe, die die Umsetzung dieses Entwurfs betreut, gewinnen.«

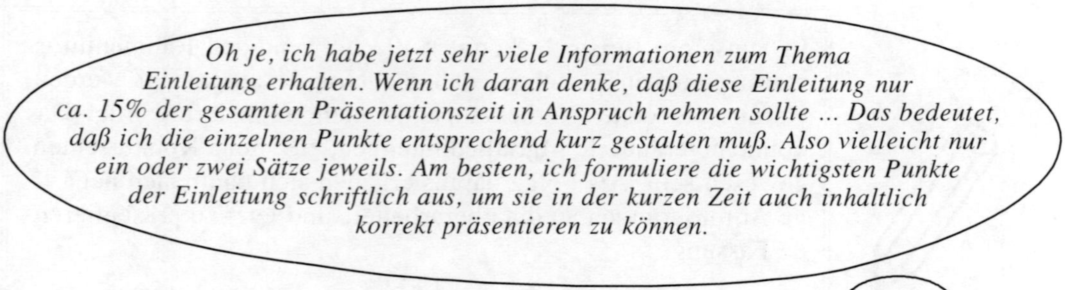

## 3.2 Hauptteil

In diesem Teil leisten Sie den größten Teil Ihrer Informations- und Überzeugungsarbeit. Dafür sollten Sie etwa 75% der für die Präsentation zur Verfügung stehenden Zeit veranschlagen.

### *Rahmeninformationen zur Präsentation*

*Der Leitgedanke: Die TeilnehmerInnen sollen die Informationen aus dem Umfeld zur Präsentation erhalten, die sie benötigen, um die Argumentation während der Präsentation zu verstehen.*

In Ihrer Präsentation kann es notwendig sein, zu Beginn Ihres Hauptteils den Rahmen oder den Hintergrund der Präsentation darzustellen, damit die Anwesenden Ihre folgenden Aussagen und Argumente verstehen können. Damit ist zugleich auch gesagt, daß es Präsentationen gibt, in denen derartige Rahmeninformationen nicht mehr nötig sind.

Als Hilfe für die Entscheidung darüber, ob und in welchem Ausmaß Sie auf den Hintergrund eingehen, dient Ihnen Ihre *Adressatenanalyse*. Danach kennen Sie den Wissensstand Ihres Publikums sowie die Erwartungen an Ihre inhaltlichen Ausführungen.

In diesen Teil können auch Ihre Erkenntnisse aus der *Vorgeschichte* der anstehenden Präsentation einfließen.

In »unserem Beispiel« könnten die notwendigen Rahmeninformationen darin bestehen, daß die Gründe aufgezeigt werden, warum die erste Werbekampagne nicht realisiert wurde. Das könnten veränderte Marktbedingungen, z.B. neue Konkurrenten, gewesen sein. Als Folge daraus ergaben sich dann auch neuartige Anforderungen an die überarbeitete und jetzt zu präsentierende Fassung.

*Die Reihenfolge Ihrer Aussagen und Argumente*

Sie präsentieren Ihre Aussagen und Argumente in einer sachlogischen oder psychologischen Reihenfolge und mit der inhaltlichen Struktur, wie Sie sie für diese Präsentation vorbereitet haben (siehe Kapitel 2.4).

## 3.3 Schlußteil: Zusammenfassung und Schlußappell

Im Schlußteil Ihrer Präsentation geben Sie eine knappe inhaltliche Zusammenfassung, fordern die Anwesenden zum Handeln auf und leiten über zu Fragen und zur Diskussion. Dafür stehen Ihnen ca. 10% der Präsentationszeit zur Verfügung. Bei einer Präsentation von z.B. 30 Minuten Dauer also nur 3 Minuten, ein knapper Zeitraum, der entsprechend gut vorbereitet werden muß.

Wie auch bei der Einleitung empfehlen wir, daß Sie die Zusammenfassung und Ihren Schlußappell wörtlich ausformulieren und evtl. vorlesen. Damit sichern Sie,

- daß Sie im Zeitrahmen bleiben,
- keine neuen Inhalte mehr ansprechen,
- und daß Ihnen keine der wichtigen Aussagen oder Argumente am Ende einer anstrengenden Präsentation verlorengehen.

## *Zusammenfassung*

*Der Leitgedanke: Die Zusammenfassung soll erreichen, daß die TeilnehmerInnen die wichtigsten Aussagen und Argumente auch nach der Präsentation im Gedächtnis behalten.*

Für Ihre Zusammenfassung gelten drei Grundsätze:

1. Kündigen Sie die Zusammenfassung an. Bereiten Sie die Anwesenden durch diesen Hinweis darauf vor, daß jetzt keine neuen Fakten mehr kommen, sondern daß sie sich an das, was sie bisher gehört und gesehen haben, noch einmal zurückerinnern können.
2. Eine Zusammenfassung ist keine einfach nur verkürzte Wiederholung der Präsentation, sondern eine gezielte Zuspitzung auf einzelne Inhalte. Wählen Sie deshalb die wichtigsten Argumente, Kernaussagen, Vorteile für die Anwesenden etc. aus und stellen Sie diese in knapper Form noch einmal vor. Überlegen Sie dabei, an welche der in der Präsentation gemachten Aussagen und Argumente sich die TeilnehmerInnen auch später noch erinnern müssen.
3. In die Zusammenfassung gehören keine neuen, bisher nicht genannten Gedanken.

Sollte Ihnen am Schluß Ihrer Präsentation einfallen, daß Sie z.B. im Hauptteil etwas vergessen haben, so bleibt das auch im Schlußteil unerwähnt. Es kann sich aber anbieten (und manchmal sogar als nützlich erweisen), in der Fragerunde oder in der Diskussion darauf einzugehen. In der Zusammenfassung beziehen Sie sich ausschließlich auf das, was Sie präsentiert haben.

## *Schlußappell*

*Der Leitgedanke: Die TeilnehmerInnen sollen zum aktiven Umgang mit den Informationen oder zum Handeln aufgefordert werden.*

Mit Ihrer Präsentation verfolgen Sie konkrete Ziele. Die haben Sie Ihrem Publikum vorgestellt und auf diese hin haben Sie Ihre Präsentation ausgerichtet. Mit dem Schlußappell gehen Sie pointiert noch einmal auf diese Ziele ein und fordern Ihre TeilnehmerInnen auf, aktiv zu werden.

Der Schlußappell ist also die ausgesprochene Aufforderung zum Weiterdenken, Handeln, Fragen, Mitarbeiten, Ausprobieren etc.

Um das an »unserem Beispiel« zu verdeutlichen:

Ausgehend vom *Zielsatz* der *Informationspräsentation*

> »Meine Damen und Herren, Ihnen allen ist die erste, frühere Fassung unserer Werbekampagne vertraut. Sie sollen in dieser Präsentation die veränderten Bestandteile des neuen Entwurfs kennenlernen«,

könnte der *Schlußappell* lauten:

> »Welche Meinungen vertreten Sie, was die Leistungen der weiterentwickelten und hier vorgestellten Kampagne betrifft? Teilen Sie uns bitte Ihre Ansichten mit.«

Geht man vom *Zielsatz der Überzeugungspräsentation* aus:

> »Ich möchte Sie von den Vorteilen, die diese weiterentwickelte Werbekampagne für das gesamte Unternehmen und für Ihre Abteilungen bringt, überzeugen. Gleichzeitig möchte ich Sie für die Mitarbeit an der Arbeitsgruppe, die die Umsetzung des hier vorgelegten Entwurfs betreut, gewinnen«,

so ließe sich folgender *Schlußappell* formulieren:

> »Ich schlage vor, daß wir zunächst über die von mir vorgestellten Vorteile des vorliegenden Entwurfs diskutieren. Und zwar in folgender Reihenfolge: 1. Vorteile für das Unternehmen, 2. Vorteile für die einzelnen Abteilungen. Ich möchte Sie zusätzlich bitten, mir bis zur nächsten Woche mitzuteilen, wer von Ihnen in der vorgestellten Arbeitsgruppe mitarbeiten möchte. Ich werde Ihnen bis dahin auch Informationen über die erste Arbeitsgruppensitzung geben können.«

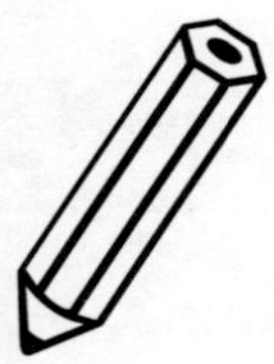

Mit dem Schlußappell beenden sie den darstellenden Teil der Präsentationsveranstaltung. Mit der anschließenden Bitte um Fragen und Diskussionsbeiträge eröffnen Sie dann die Austauschphase, in der die TeilnehmerInnen aktiv werden können.

In Rahmen des Schlußappells besteht auch die Möglichkeit, auf die Nachgeschichte Ihrer Präsentation hinzuweisen. In unserem Beispiel ist dies der Hinweis auf Informationen zum ersten Treffen der zu bildenden Arbeitsgruppe.

Bei der Planung der gesamten Veranstaltung sollten Sie überlegen, ob zwischen Präsentation und Frage-/Diskussionsrunde eine kleine (Kaffee-, Tee-, Wasser-) Pause möglich ist. Bei längeren Veranstaltungen bietet sich diese Pause an, in der Sie Ihre Unterlagen ordnen, Händewaschen können etc. Auch Ihr Publikum könnte eine Pause nötig haben, um sich anschließend wieder konzentriert der Diskussion zu widmen.

# 4. Fragen und Diskussion im Anschluß an die Präsentation – die Austauschphase

## 4.1 Wozu dient eine Austauschphase?

Erinnern wir uns noch einmal an das Modell für den äußeren Rahmen einer Präsentationsveranstaltung:

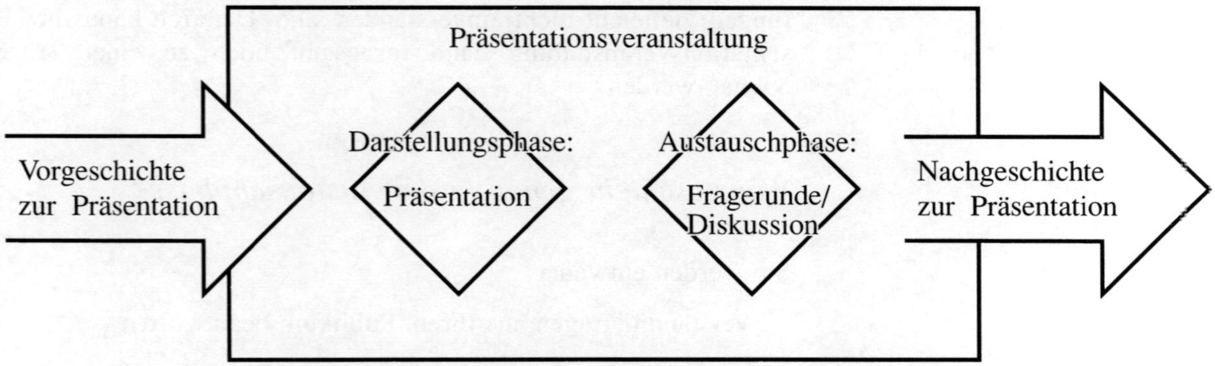


Eingebettet in eine Vor- und Nachgeschichte besteht die *Präsentationsveranstaltung* aus zwei Teilen:

- Aus einer *Darstellungsphase*, der »eigentlichen« Präsentation. In dieser Phase stellen Sie Ihre Ideen, Ihre Aussagen, Ihre Argumente, Ihre Ergebnisse, Ihr Produkt etc. dar.
- Und aus einer *Austauschphase*, der Frage- und Diskussionsrunde.

Bei der Abgrenzung zwischen Präsentation und klassischem Vortrag im Kapitel 1 hatten wir betont, daß eine Präsentation nie mit der Darstellung endet. Zu ihr gehört immer die Frage- und/oder Diskussionsrunde. Und diese Austauschphase bildet nicht nur ein »Anhängsel« an die Präsentation. Die Möglichkeit zur aktiven Beteiligung der TeilnehmerInnen ist ein wichtiger Bestandteil jeder Präsentationsveranstaltung.

Für Ihre Präsentationspraxis bedeutet dies, daß Sie die Frage- und Diskussionsrunde genauso sorgfältig vorbereiten wie die Darstellungsphase. Denn ein guter Eindruck, den Sie und Ihre Ideen bei Ihrem Publikum während Ihrer Darstellung erzielt haben, kann durch eine »schiefgelaufene« Diskussion oder Fragerunde wieder verloren gehen. Sie können die Frage- und Diskussionsrunde aber auch für sich aktiv nutzen. Sie können einzelne TeilnehmerInnen direkt ansprechen, von denen Sie glauben, daß sie mit Ihren Ausführungen vielleicht nicht einverstanden sind. Dadurch kann Ihre Präsentationsveranstaltung dann insgesamt noch zu einer »runden Sache« werden.

### *Was geschieht genau in der Austauschphase?*

Sie werden entweder

- Verständnisfragen aus Ihrem Publikum beantworten

und/oder

- aus Zeitgründen zurückgestellte Informationen auf Nachfragen ergänzen

und/oder

- eine Diskussion über kontroverse Inhalte Ihrer Präsentation führen.

Ganz gleich, welche dieser drei Möglichkeiten Sie anbieten oder welche vom Publikum gewünscht werden, in allen Fällen verändert sich die Situation grundlegend. In der Darstellungsphase haben Sie alleine oder zusammen mit Gruppenmitgliedern vor den Anwesenden agiert. Diese haben zugehört und zugesehen.

In der Frage- und Diskussionsrunde aber wird Ihr Publikum selbst aktiv.

Für *Sie* entsteht dadurch eine neue Situation. Sie

- hören zu,
- antworten auf Verständnisfragen,
- reagieren auf Einwände,
- greifen Bedenken auf,
- gehen auf Sorgen und Anregungen einzelner TeilnehmerInnen ein,
- überdenken Ihre Ausführungen und entwickeln sie dabei weiter,
- müssen vielleicht sogar Fehler in Ihren Ausführungen eingestehen und erweitern dadurch Ihre Perspektive,
- ...

Mit der Fragerunde und der Diskussion machen Sie den Schritt von einer überwiegenden *»Einwegkommunikation«*,

– Sie senden, die anderen nehmen eher passiv auf –

in eine *»Zweiwegekommunikation«*

– Sie tauschen gleichberechtigt Informationen mit Ihrem Publikum aus.

*Die haben recht, wenn sie hier von »überwiegender Einwegkommunikation« sprechen. Denn auch wenn ich vor meinem Publikum stehe und spreche, nehme ich viele Signale wahr und reagiere darauf: freundliche Blicke, böse Mienen, lautes Gähnen, herzliches Lachen, Ausrufe des Erstaunens »OoH!«, der Begeisterung »Toll!« etc. Vollständig wird die Zweiwegekommunikation sicher erst in der Austauschphase, wenn es in der Diskussion und bei der Behandlung von Fragen zu einem lebendigen Austausch zwischen mir und den Anwesenden kommt.*

### *Was leistet die Austauschphase genau?*

Sie erhalten in dieser neuen Situation eine Fülle an interessanten Informationen und Rückmeldungen. Sie können zum Beispiel erfahren,

– wie Ihr Publikum Ihre Ausführungen verstanden hat,

oder auch

– inwieweit Ihre Argumente Ihr Publikum überzeugen konnten.

*Ihnen* bietet sich damit die Chance,

– Ihre konkreten *Präsentationsziele* durch die Beantwortung von Fragen oder durch die Diskussion *weiter zu verfolgen*;
– die *Nachgeschichte vorzubereiten.*

Die Frage- und Diskussionsrunde leistet aber noch mehr:

Sie können in dieser Phase auf die *Bedürfnisse der TeilnehmerInnen* Ihrer Präsentation eingehen. Bisher mußten diese mehr oder weniger ruhig zuhören. Jetzt können sie »loswerden, worauf sie noch sitzen«. Sie können Unklarheiten beseitigen, Betroffenheit und Zustimmung äußern. Die TeilnehmerInnen können an dieser Stelle ihr *eigenes* Interesse zeigen und ihre *eigenen* Überlegungen darstellen. Sie können eigentlich alles das, was ihnen jetzt, nachdem sie zugehört haben, auf dem »Herzen liegt«, ausdrücken.

Indem Sie Ihrem Publikum diese Möglichkeit einräumen, zeigen Sie Wertschätzung. Sie nehmen Ihr Publikum ernst. Und das kommt letztlich Ihren eigenen Zielen zugute.

Verbinden Sie also in der Frage- und Diskussionsrunde die Interessen Ihrer TeilnehmerInnen mit den eigenen. Gestalten Sie dadurch eine »runde« und erfolgreiche Präsentationsveranstaltung.

## 4.2 Die Vorbereitung auf die Frage- und Diskussionsrunde

Eine Einstellung, die sich mit den Worten beschreiben läßt: »Ich bin mal gespannt, was da alles an Fragen kommt, man kann ja nie wissen ...«, wird mit großer Wahrscheinlichkeit dazu führen, daß Sie unsicher, vielleicht sogar nervös und angespannt in die Frage- und Diskussionsrunde hineingehen.

Auch für die Austauschphase gilt, was wir später zum Thema »Lampenfieber« sagen werden: Je besser Sie sich vorbereiten, desto aufgeschlossener und souveräner werden Sie diese Phase begleiten und dabei Ihre konkreten Ziele verfolgen.

Ihre Vorbereitung konzentrieren Sie dabei auf folgende Bereiche:

1. Welche *Fragen* können *Sie* an Ihr Publikum stellen, um Informationen für die Gestaltung Ihrer Nachgeschichte zu bekommen?
2. Welche *Fragen, Einwände und Bedenken* könnten die *TeilnehmerInnen* Ihrer Präsentation vorbringen?
3. Welche *Rolle* nehmen Sie während der *Diskussion* ein? Und wel-

che *Spielregeln* müssen Sie mit Ihrem Publikum vereinbaren, damit ein gleichberechtigter Meinungsaustausch gefördert wird?

*Welche Fragen können Sie stellen, um Informationen für die Gestaltung Ihrer Nachgeschichte zu bekommen?*

Wir haben gesagt, daß die Frage- und Diskussionsrunde Ihnen auch die Chance bietet, zu überprüfen, in welchem Ausmaß Sie Ihr *Präsentationsziel erreicht* haben.

Wir haben ferner darauf hingewiesen, daß Sie neben dem *Zuhören* die Möglichkeit haben, *selbst Fragen zu stellen*. Fragen, die die Aufmerksamkeit der TeilnehmerInnen auf die Teile Ihrer Präsentation lenken, die Ihnen wichtig sind, und zu denen Sie etwas hören möchten.

Überlegen Sie sich dazu in der Vorbereitung auf die Austauschphase eigene Fragen, die Sie in dieser Phase einsetzen können.

Derartige Fragen könnten in »unserem Beispiel« für eine *Informationspräsentation* so aussehen:

»Ich habe Ihnen die Kostenkalkulation für die neue Werbekampagne vorgestellt. (Kalkulation noch einmal z.B. auf Folie zeigen). Dazu habe ich zunächst eine Frage:
Wo sehen Sie Möglichkeiten, diese Berechnungen noch kostengünstiger zu gestalten?«

Später könnten Sie dann weiterfragen:

»Wo sehen Sie noch weitere Kosten, die hier nicht erwähnt wurden?«

Für eine *Überzeugungspräsentation*:

»Ich habe Ihnen die Vorteile aufgezeigt, die die Einrichtung einer Arbeitsgruppe zur Umsetzung des vorgestellten Entwurfs haben wird (Vorteile noch einmal z.B. auf Folie zeigen). Wie ist das bei Ihnen, meine Damen und Herren, inwieweit überzeugen Sie diese Vorteile, um mitzuarbeiten?«

Später könnten Sie dann weiterfragen:

»Haben Sie noch weitere Vorschläge für Zielsetzung, Aufgabenbereich und Arbeitsweise dieser Arbeitsgruppe?«

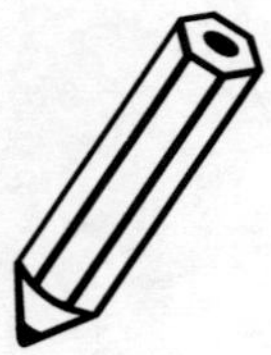

*Welche Fragen, Einwände und Bedenken könnten die TeilnehmerInnen Ihrer Präsentation vorbringen?*

Dieser Frage wird in der Praxis oft mit dem Hinweis begegnet, daß man ja gar nicht wissen kann, was die TeilnehmerInnen einer Präsentation fragen werden. Wie soll man sich also darauf vorbereiten?

Mit absoluter Sicherheit kann man natürlich nicht wissen, was genau im Anschluß an eine Präsentation gefragt wird.

Aber Sie können sich auf *mögliche Fragen und Einwände* aus dem Publikum vorbereiten. Je intensiver und häufiger Sie dies tun, desto größer wird die Wahrscheinlichkeit, daß Sie sich auch auf die Fragen und Einwände vorbereitet haben, die später tatsächlich vorgebracht werden. Was Sie auf jeden Fall durch Ihre Vorbereitung erreichen, ist das *Mehr an Sicherheit*, mit dem Sie in die Präsentation und in die Frage- und Diskussionsrunde gehen werden.

Zwei Möglichkeiten, wie Sie sich auf Fragen und Einwänden aus dem Publikum vorbereiten können:

a) *Welche Fragen möchten Sie gerne hören – und welche lieber nicht?*
   Überlegen und notieren Sie sich möglichst viele Fragen, von denen Sie möchten, daß sie Ihnen gestellt werden. Bereiten Sie darauf Antworten vor, mit denen Sie später »glänzen« können.
   Wichtiger aber ist, daß Sie ehrlich und selbstkritisch die Fragen auflisten, die Sie »ins Schwitzen« bringen würden. Sie »schlagen mit dieser Klappe zwei Fliegen«: zum einen können derartige Fragen Sie im Ernstfall nicht mehr auf dem »falschen Fuß« erwischen; und zum anderen wird die Vorbereitung auf mögliche unangenehme Situationen Ihr Mehr an Sicherheit stärken.

b) *Das Pro-Contra-Spiel*
   Auch mit diesem Spiel können Sie sich sehr wirkungsvoll auf die Diskussion und eine kontroverse Fragerunde vorbereiten. Allerdings brauchen Sie dazu etwas Unterstützung aus dem Freundes- oder Kollegenkreis.
   Zwei Teams (jeweils 2–3 Personen) sammeln zu den von Ihnen in der Probe vorgetragenen Ideen, Vorschlägen etc. möglichst viele Argumente, die dafür *und* dagegen sprechen. Dann treten die beiden Teams gegeneinander an. Gruppe A darf nur Pro-Argumente bringen, während die andere Gruppe Contra-Argumente vorbringt. Nach ca. 15 Minuten tauschen die beiden Gruppen die Rollen: jetzt argumentiert Gruppe B »pro« und Gruppe A »contra«.

Während des erfahrungsgemäß fröhlichen Wortgefechts werden die Argumente protokolliert (mitschreiben oder auf ein Tonband aufnehmen) und anschließend analysiert.
Diese recht aufwendige Übung hat für Sie doppelten Nutzen:
- Sie können Argumente entdecken, auf die Sie bisher noch nicht gekommen sind.
- Sie können viele Hinweise für eine wirkungsvolle Argumentation Ihrer Ideen etc. bekommen.

Das hier vorgeschlagene Vorgehen können Sie natürlich beliebig abwandeln. Die einfachste Form besteht darin, daß Sie sich mit jemanden zusammensetzen, der oder die nur die Contra-Position einnimmt und dann die Präsentation mit Ihnen gründlich durchdiskutiert.

## *Welche Rolle nehmen Sie während der Diskussion ein? Und welche Spielregeln müssen Sie mit Ihrem Publikum vereinbaren, damit ein gleichberechtigter Meinungsaustausch gefördert wird?*

Wir beschränken uns hier bewußt auf die Diskussion, denn in der Fragerunde ist die Situation relativ gleichbleibend: andere fragen und Sie antworten. (Daß Sie auch dabei eine ganze Menge beachten müssen, haben Sie soeben erfahren können.)

In einer Diskussion gibt es für Sie zwei mögliche Rollen, die Sie einnehmen können:

Wenn Sie alleine präsentieren, dann werden Sie häufig die anschließende Diskussion *leiten* müssen. Im Idealfall haben Sie die Möglichkeit, die Diskussion *moderieren* zu lassen. Das ist dann möglich, wenn jemand bei der Diskussion anwesend ist, der oder die sich inhaltlich aus dem Geschehen heraushalten kann, um so die Diskussion zu moderieren.

### *Diskussionsleitung*

Wie gesagt, wenn Sie alleine sind, werden Sie häufig die anschließende Diskussion auch leiten müssen. Das heißt, daß Sie für die

Einhaltung der Spielregeln während der Diskussion verantwortlich sind. Gleichzeitig werden Sie inhaltlich Stellung nehmen müssen, was eine ausgewogene Diskussionsleitung erschwert.

*Spielregeln: ja oder nein?*

Spielregeln für den Verlauf einer Diskussion sind immer dann sinnvoll, wenn Sie der Meinung sind, daß ein fairer und gleichberechtigter Meinungsaustausch zwischen allen Anwesenden durch diese Regeln unterstützt wird.

Das kann dann der Fall sein, wenn Sie es mit einem großen, Ihnen unbekannten Publikum zu tun haben. Oder dann, wenn mit einer »heißen« Diskussion zu rechnen ist, bei der es leicht »drunter und drüber« gehen kann.

Wenn Sie die TeilnehmerInnen Ihrer Diskussion kennen, die Gruppe zudem noch sehr klein und miteinander vertraut ist, kann das Aufstellen von Regeln auch einmal unterbleiben. Darauf verzichten sollten Sie aber nur dann, wenn Sie der Meinung sind, daß in dieser Gruppe alle ausreichend Gelegenheit haben, sich zu äußern, es also zu einem gleichberechtigten und fairen Meinungsaustausch kommen wird.

*Einige Spielregeln und Verfahrenshinweise:*

- Sie können mit Zustimmung der TeilnehmerInnen die Frage- und Diskussionsrunde deutlich voneinander trennen. Damit ermöglichen Sie, daß zuerst alle Unklarheiten beseitigt werden, bevor über einzelne Punkte intensiver diskutiert wird.
- Sie können die Zeit pro Redebeitrag begrenzen. Damit vermeiden Sie »ellenlange« Kommentare zu Ihrer Präsentation und ermöglichen es auch anderen, Ihre Meinung zu sagen oder Fragen zu stellen.
- Sie können Fragen zu einem Fragenkomplex sammeln und sie dann gemeinsam beantworten. Dieses Vorgehen bietet sich besonders bei großen Gruppen und gleichzeitig knapper Zeit an.

- Sie können Fragen, die nicht unmittelbar zum Thema gehören, in einem sogenannten Fragenspeicher »parken«. Sie werden erst dann behandelt, nachdem alle Fragen zur Darstellungsphase beantwortet worden sind. Vergessen Sie aber nicht, zu diesem Verfahren die Zustimmung des oder der Fragenden einzuholen. Sie notieren dann diese Fragen wörtlich und gut sichtbar auf einem Flipchart oder auf einer Folie. Damit ist sichergestellt, daß diese Fragen nicht vergessen werden.
- Sie können auch Diskussionsbeiträge, die deutlich das Interesse einzelner darstellen, ansonsten aber die anderen TeilnehmerInnen offensichtlich nicht interessieren, aus der Diskussion ausklammern. Bieten Sie dabei die Behandlung des Beitrags in einem anschließenden Gespräch oder zu einer anderen Gelegenheit an.
- Sie können Fragen und Diskussionsbeiträge durch die TeilnehmerInnen auf Kärtchen aufschreiben lassen, sie einsammeln und anschließend blockweise beantworten. Mit diesem Vorgehen gewährleisten Sie Anonymität in einem Publikum mit mehreren Hierarchieebenen. Gleichzeitig ermöglicht dieses Vorgehen die Teilnahme an der Frage- und Diskussionsrunde allen denjenigen, die besonders in großen Gruppen Hemmungen haben, sich mündlich zu äußern.
- ...

*Moderation der Diskussion*

Wenn Sie zu mehreren präsentieren, bietet sich die Möglichkeit, daß jemand aus Ihrer Gruppe die Diskussion moderiert. Das bedeutet, daß der Moderator oder die Moderatorin in der Diskussion die Einhaltung der Spielregeln durchsetzt, inhaltlich die Diskussion aber neutral begleitet.

Dieses Vorgehen hat den Vorteil, daß sich alle anderen Gruppenmitglieder vollständig auf die behandelten Inhalte konzentrieren können, ohne auch noch »ein Auge« auf die Spielregeln werfen zu müssen. Der Moderator oder die Moderatorin, der oder die sich ausschließlich auf die Methodik der Diskussion konzentriert – Wortzuteilung, Redezeitbegrenzung, Einhalten der abgesprochenen Vorgehensweisen, in »heißen« Phasen Spiegeln der Diskussion etc. – kann in dieser Rolle für ein faires und effektives Gesprächsklima sorgen, in dem niemand bevorteilt oder benachteiligt wird.

Die »saubere« Moderation einer Diskussion erfordert jedoch Grundwissen über die Methode und Gespür für die Prozesse in der Diskussions-Gruppe. Die beste Voraussetzung für die effektive Anwendung dieser Methode sehen wir in einer einführenden Moderatorenausbildung.

## 4.3 Durchführung der Frage- und Diskussionsrunde

*Einführung in die Frage- und Diskussionsrunde*

Beginnen Sie die Diskussionsrunde mit einer kleinen Einleitung. Nennen Sie das vereinbarte Diskussionsthema. Vergessen Sie nicht, auf die für diese Runde zur Verfügung stehende Zeit hinzuweisen.

*Vorstellen der Spielregeln*

Stellen Sie die Regeln, die Sie sich während der Vorbereitung überlegt haben, Ihrem Publikum vor. Begründen Sie dabei, warum die vorgeschlagenen Regeln aus Ihrer Sicht notwendig und sinnvoll sind. Vergewissern Sie sich, ob die Anwesenden den Spielregeln zustimmen. Sollten Ihre Vorschläge auf Ablehnung stoßen, müssen Sie möglicherweise auf Regeln verzichten oder sie ändern.

*Gesprächseröffnung*

Eröffnen Sie die Frage- und Diskussionsrunde mit *offenen Fragen*, auch W-Fragen genannt. Offene Fragen beginnen in der Regel mit einem Fragewort: »*W*elche Informationen benötigen Sie noch?« »Zu *w*elchen Teilen meiner Ausführungen haben Sie noch Fragen?« »*W*as ist bei Ihnen an Fragen zurückgeblieben?«

Mit offenen Fragen »eröffnen« Sie ein breites Antwort- und Informationsspektrum. Sie geben eine Anregung zum »breiten Nachdenken«. Ihr Publikum erhält dadurch die Gelegenheit, bei den eigenen Wünschen und Interessen anzusetzen.

Für Sie bedeutet ein Einstieg mit offenen Fragen, daß Sie Rückmeldungen zu den Inhalten bekommen, die bei Ihrem Publikum direkt nach Ihrer Präsentation im Mittelpunkt stehen. Anders wäre es, wenn Sie mit geschlossenen Fragen beginnen würden. Bei geschlossenen, auch Entscheidungs-Fragen genannt, handelt es sich um Fragen, auf die es in der Regel nur eine Ja-Nein-Antwortmöglichkeit gibt: »War der letzte Teil meiner Ausführungen verständlich?«

*Wie aktivieren Sie ein müdes Publikum?*

Was aber, wenn sich auf Ihre Eröffnung niemand zur ersten Frage »aufrafft«? Wenn alle dasitzen und so schauen, als ob die Veranstaltung zu Ende ist?

Sie haben zwei Möglichkeiten:

1. Sie können sich freuen. Alles ist vorbei. Schicken Sie Ihr Publikum nach Hause und gehen Sie einen Kaffee trinken.
2. Sollten Sie aber dennoch an einer Fragerunde oder Diskussion Interesse haben (siehe die Gründe dafür am Anfang des Kapitels), dann müssen Sie Ihr »müdes Publikum« aktivieren.

Sie können ein kleines bißchen *provozieren,* indem Sie umstrittene Thesen in den Raum stellen:

»Ich glaube, wenn wir mit der Arbeit in der Arbeitsgruppe in der nächsten Woche beginnen, schaffen wir den Start der Kampagne drei Wochen später. Was halten Sie von diesem Zeitansatz?«.

Aber Vorsicht; Provokation kann leicht schiefgehen.

Sie können auch einzelne TeilnehmerInnen direkt ansprechen:

»Herr Funk, Sie sind ja ausgebildeter Moderator. Welche Möglichkeiten können Sie sich vorstellen, wie die erste Sitzung der neuen Arbeitsgruppe gestaltet werden kann?«

Vermeiden Sie dabei, daß sich jemand durch diese Aufforderung bloßgestellt fühlt.

Wenn Sie zwischen Ihrer Darstellung und der Fragerunde oder der Diskussion eine kleine Pause gemacht haben, können Sie auch Teilnehmerstimmen wieder in das Publikum zurückgeben:

»In der Pause fiel von Ihrer Seite der Einwand ...«

»In der Pause ist mir die interessante Frage begegnet ...«

Aber auch hier müssen Sie aufpassen, daß Sie keine Gespräche, die in der Pause unter vier Augen gelaufen sind, plötzlich »an die große Glocke hängen«.

*Beteiligung aller Anwesenden*

Versuchen Sie zu erreichen, daß möglichst alle TeilnehmerInnen Ihrer Präsentation während einer Diskussion zu Wort kommen. Sie erhalten dadurch ein relativ vollständiges Meinungsbild und wissen dadurch, was von Ihrer Präsentation bei Ihrem Publikum »angekommen ist« und was nicht.

Auf der Basis dieses Meinungsbildes können Sie gezielt auf Ihr Präsentationsziel hin Informationen nachreichen, argumentieren oder im Anschluß an die gesamte Veranstaltung eine effektive Nachgeschichte gestalten (siehe Kapitel 5: »Die Nachbereitung der Präsentationsveranstaltung«).

*Ein wichtiges Hilfsmittel: Visualisierungen*

Nutzen Sie auch während der Frage- und Diskussionsrunde die Medien, die Ihnen zur Verfügung stehen, und visualisieren Sie wichtige Punkte.

Dazu können gehören:

- der zeitliche Rahmen der Runde,
- die Spielregeln,
- sämtliche Diskussionspunkte, über die im Publikum Konsens erzielt wurde; z.B. unter der Überschrift »Das haben wir schon erreicht«.
- Fragen, die im Fragenspeicher geparkt wurden und später wieder aufgegriffen werden sollen,
- Ergebnisse der Diskussion, z.B. beschlossene Maßnahmen.

*Umgang mit abweichenden Meinungen*

Nicht immer werden Ihre TeilnehmerInnen derselben Meinung sein wie Sie. Diese leidvolle Erfahrung haben Sie sicherlich auch schon gemacht. Wie also auf abweichende Meinungen reagieren?

Versuchen Sie – z.B. durch Nachfragen – möglichst genau zu erfahren, was Ihr Gegenüber ausdrücken will. Signalisieren Sie, wie Sie ihn oder sie verstanden haben, zum Beispiel dadurch, daß Sie mit Ihren eigenen Worten das Gesagte kurz wiederholen. Indem Sie sich um Verständnis bemühen, zeigen Sie, daß Sie die Meinung des oder der anderen ernst nehmen. Sie zeigen auch hier wieder Wertschätzung. Antworten Sie dann offen und klar und vertreten Sie dabei Ihren – auch abweichenden – Standpunkt ohne aggressive Rechtfertigung.

*Abschluß der Frage- und Diskussionsrunde*

Versuchen Sie zum Schluß der Austauschphase, eine Zusammenfassung der wichtigsten Ideen, Aussagen, Argumente etc. zu geben, über die während der Diskussion gesprochen wurde. Sie können dabei besonders diejenigen Erkenntnisse hervorheben, die über die von Ihnen präsentierten Inhalte hinausgehen. Damit dokumentieren Sie die mit anderen gemeinsam geleistete Arbeit an Ihrem Thema.

Sprechen Sie im Rahmen der Zusammenfassung aber auch die noch offenen Fragen an. Klären Sie dabei, wie Sie damit verfahren werden. Sie können zum Beispiel anbieten, diese Fragen im Anschluß an die Veranstaltung zu klären und die Anwesenden darüber zu informieren.

Fassen Sie im Anschluß an eine kontrovers verlaufene Diskussion zuerst die Punkte zusammen, über die unter den Beteiligten Konsens besteht. Benennen Sie aber auch die Punkte, über die man sich nicht einigen konnte. Sollte es Ihnen möglich sein, dann bieten Sie auch hierzu neue Informationen, Argumente etc. an, die Sie Ihrem Publikum nachreichen werden.

Ergeben sich aus der Diskussion konkrete Maßnahmen für Sie oder für einige/alle TeilnehmerInnen, so benennen Sie diese Aktivitäten am Ende der Veranstaltung. Nennen Sie die konkreten Aufgaben, Personen und Termine. Dadurch schaffen Sie Sicherheit darüber, was im Anschluß an die Veranstaltung geschehen soll.

Bei mehreren Maßnahmen sollten Sie diese verschiedenen Maßnahmen in einem *Aktionsplan* visualisieren. Dazu haben wir Ihnen ein Beispiel erstellt.

Geben Sie auf alle Fälle einen Ausblick darüber, was im Anschluß an die Präsentation inhaltlich geschehen soll. Deuten Sie auf die Nachgeschichte hin. (Natürlich nur, wenn es eine geben soll!) Auf keinen Fall sollten die Anwesenden Ihre Präsentationsveranstaltung mit dem Gefühl verlassen: »das war's, das können wir jetzt vergessen, da wird eh' nichts mehr kommen.«

**Beispiel für eine Flipchartseite »Aktionsplan«**

# 5. Die Nachbereitung der Präsentationsveranstaltung

Es gibt Präsentationsveranstaltungen, nach denen Sie vielleicht froh sind, wenn Ihr Publikum den Raum verlassen hat, Sie sich auf einen Kaffee zurückziehen und alles vergessen können. Nur, das »alles vergessen können« sollte nicht zu lange dauern. Sonst haben Sie wirklich alles vergessen und können Ihre Nachgeschichte nicht mehr durchführen. Oder, was nicht weniger »schlimm« ist: Sie können Ihre nächste Präsentation nicht verbessern.

Die Nachbereitung Ihrer Präsentationsveranstaltung hat also zwei Funktionen:

1. Sie gibt Ihnen zusätzliche Informationen, damit Sie Ihre Nachgeschichte durchführen können.
2. Sie gibt Ihnen Rückmeldung darüber, was Sie beim nächsten Mal anders machen könnten. Und natürlich auch die Bestätigung, in dieser Präsentation schon eine ganze Menge gut gemacht zu haben.

## 5.1 Nachbereitung der Präsentationsveranstaltung im Hinblick auf die Nachgeschichte

Im Kapitel 2.7: »Die Vorbereitung der Nachgeschichte« haben wir darauf hingewiesen, daß es zwei Möglichkeiten für die Durchführung einer Nachgeschichte geben kann:

Zum einen,wenn eine Situation in der Präsentation entsteht, die ein gezieltes Nachfassen mit zusätzlichen Aktionen erforderlich macht.

Zum anderen haben Sie sich schon vor Beginn Ihrer Präsentation entschlossen, eine Nachgeschichte zu gestalten.

In beiden Fällen hilft Ihnen die Auswertung der Präsentationsveranstaltung, konkrete Informationen für diese Nachgeschichte zu bekommen.

Wie kann diese Nachbereitung aussehen:

In der Frage- und Diskussionsrunde sind Sie es, der oder die sehr viele Informationen aus dem Publikum bekommt. Die Frage- und Diskussionsrunde kann Ihnen also als »Gradmesser« dafür dienen, was »beim Publikum angekommen ist«. Wir haben dazu angeregt, daß Sie selbst Fragen stellen sollten, um gezielt Informationen zu erhalten (siehe Kapitel 4.2, »Welche Fragen können Sie stellen, um Informationen für die Gestaltung Ihrer Nachgeschichte zu bekommen?«).

Um herauszubekommen, was beim Publikum »angekommen« bzw. noch offen ist, sollten Sie sich für jede Präsentation ein paar Leitfragen überlegen. Dabei orientieren sich diese Fragen an Ihrem Präsentationsziel. Wir wollen das an »unserem Beispiel« verdeutlichen.

*Ziel: Information*

Sie hatten als Ziel formuliert: »Die AbteilungsleiterInnen sollen die gesamte überarbeitete Werbekampagne kennenlernen und die Auswirkungen verstehen, die dieses Konzept auf ihre persönliche Arbeit haben wird.«

Daraus können sich für die Nachbereitung folgende Fragen ergeben:

- Wie umfangreich haben die Anwesenden das Konzept kennengelernt?
- Welche Auffassungen haben die Anwesenden zu den Auswirkungen geäußert, die dieses Konzept auf ihre persönliche Arbeit haben wird?
- Wo liegen noch Mißverständnisse?
- Welche Bedenken, Widerstände und Abwehrhaltungen lassen sich erkennen?
- Auf welche Punkte muß daher noch einmal gesondert im Rahmen einer Nachgeschichte eingegangen werden (im verschickten Manuskript, in persönlichen Gesprächen, in einer weiteren Präsentation etc.)?
- Welche über das Thema dieser Präsentation hinausgehenden Interessen lassen sich im Publikum ausmachen, auf die zu einem späteren Zeitpunkt noch eingegangen werden kann?

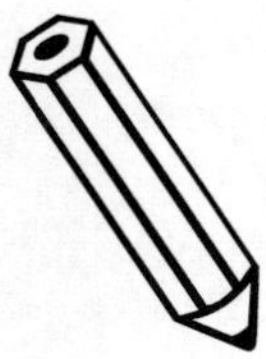

*Die Beantwortung dieser Fragen ergibt einen Fragen- und Maßnahmenkatalog*. Notieren Sie sich dazu möglichst alle wichtigen Fragen, Einwände, Kommentare, etc. aus dem Publikum. Vervollständigen Sie diese Liste im Anschluß an die Veranstaltung um Ihre

Eindrücke darüber, wo noch Unklarheiten, Widerstände oder Bedenken liegen.

Dieser Fragen- und Maßnahmenkatalog dient Ihnen dann als Unterlage bei der Planung Ihrer Nachgeschichte.

*Ziel: Überzeugung*

Sie hatten sich als Ziel gesetzt: »Die AbteilungsleiterInnen sollen von den Vorteilen, die die neue Kampagne für das gesamte Unternehmen und die eigenen Abteilungen bringt, überzeugt werden. Sie sollen daher für die Mitarbeit in einer Arbeitsgruppe, die die Umsetzung des vorgelegten Entwurfs vorbereitet, gewonnen werden.«

Auch hier lassen sich für die Nachbereitung eine Reihe von Fragen stellen:

- Wie deutlich ist den Anwesenden der Nutzen des neuen Konzepts für das gesamte Unternehmen geworden?
- Wie deutlich ist den Anwesenden der Nutzen des neuen Konzepts für die eigenen Abteilungen und die eigene Arbeit geworden?
- Wie deutlich ist den Anwesenden die Notwendigkeit einer Arbeitsgruppe für die Realisierung der Kampagne geworden?
- Welche Reaktion gab es auf die Aufforderung zur Mitarbeit in der Arbeitsgruppe?
- Bei welchen Punkten konnte bei den Anwesenden Zustimmung ausgemacht werden?
- Bei welchen Punkten lassen sich noch Bedenken und Widerstände ausmachen?
- Auf welche Punkte muß daher noch einmal gesondert im Rahmen einer Nachgeschichte eingegangen werden?

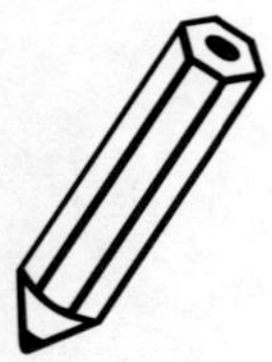

..................................................................................................

..................................................................................................

..................................................................................................

Auch für diese Präsentation erstellen Sie einen *Frage- und Maßnahmenkatalog*. Davon ausgehend können Sie dann Ihre Nachgeschichte planen.

## 5.2 Nachbereitung der Präsentationsveranstaltung im Hinblick auf die Verbesserung Ihres Präsentationsverhaltens

Auch wenn Sie das Ziel Ihrer Präsentation vollständig erreicht haben, bedeutet dies nicht, daß Sie Ihr Präsentationsverhalten nicht noch verbessern könnten. Umgekehrt gilt: auch wenn Sie anscheinend nichts erreicht haben, vielleicht haben Sie in den Augen Ihres Publikums doch eine passable Präsentation »hingelegt«.

Also: wie waren Sie tatsächlich?

Wir empfehlen Ihnen, zuerst einmal *selbst zu überlegen*, was Ihnen an sich gefallen hat:

- Was hat gut geklappt?
- Welche Inhalte der Präsentation konnte ich gut vermitteln?
- Wieviel Wertschätzung konnte ich zeigen?
- Wie war meine Selbstaussage?
- An welchen Stellen während der Darstellungs- oder Austauschphase habe ich mich wohl gefühlt? Was habe ich da gemacht?
- Wie gut konnte ich auf Fragen und Einwände aus dem Publikum eingehen?
- ...

Überlegen Sie dann in einem zweiten Schritt an Hand dieser Fragen, was sie noch verbessern möchten.

Zusätzlich zu Ihrer Selbstreflexion sollten Sie sich um *Rückmeldungen aus dem Publikum* bemühen. Diese Rückmeldungen werden möglicherweise geschönt. Das befiehlt die »Höflichkeit«. Trotzdem, versuchen Sie in Erfahrung zu bringen, was Sie noch verbessern können. Jede Präsentation kann noch verbessert werden (natürlich auch die der Autoren dieses Buches), und eine offene Rückmeldung über Ihr Präsentationsverhalten kann Ihnen dabei helfen.

Bitten Sie TeilnehmerInnen um eine Rückmeldung, die Sie gut kennen und von denen Sie wissen, daß diese Rückmeldung ehrlich und offen ist.

Fragen Sie dabei gezielt:

- »Was hat Ihnen an der Präsentation gut gefallen?«
- »Was könnte ich bei meiner nächsten Präsentation anders machen?«
- »Wie sollte ich dabei vorgehen, damit es Ihrer Meinung nach besser wird?«
- »Was hat Ihnen an der Fragerunde oder Diskussion gut gefallen?«
- »Was sollte ich in Zukunft bei der Beantwortung von Fragen und dem Umgang mit Einwänden und Kritik anders machen?«

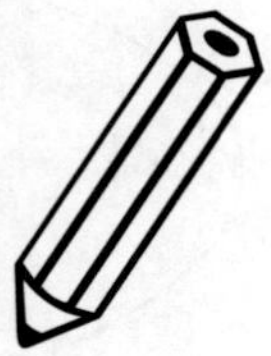

Zusätzliche Fragen, die Ihnen beim Lesen eingefallen sind:

................................................................................

................................................................................

................................................................................

................................................................................

................................................................................

*Fehlt hier nicht die Frage »was war schlecht an der Präsentation und während der Austauschphase«?*

*Nein. So wie die Fragen hier gestellt wurden, gefallen sie mir eigentlich am besten. Wenn ich zu hören bekomme, was ich bei einer Präsentation alles falsch gemacht habe, so ist das vielleicht sehr offen und ehrlich, aber ich lerne aus dieser negativen Kritik nur wenig. Mir hilft mehr, wenn mein Gegenüber mir möglichst konkret sagt, was ich zukünftig alles anders machen soll.*

# 6. Visualisierung und Einsatz von Medien

Wenn Sie Ihre Präsentation so vorbereiten, wie es die Kapitel 2 und 3 empfehlen, haben Sie bisher ein stabiles Fundament gelegt, den Keller ausgebaut und auch schon die ersten Mauern errichtet. Damit steht natürlich das Haus – die zielgerichtete, erfolgreiche Präsentation – noch nicht. Die restlichen Mauern müssen noch fertiggestellt, das Dach muß errichtet, und wenigsten ein paar Innenausbauten müssen erledigt werden, bevor Sie einziehen können. Wenn Sie dann wirklich einziehen und sich wohl fühlen wollen, dürften noch ein paar zusätzliche Arbeiten anstehen: Teppich legen, Tapeten kleben, Bilder aufhängen ...

Dieser »Hausbau« soll Ihnen den Stand Ihrer Vorbereitungen *»visualisieren«*. Er zeigt Ihnen, daß Sie schon sehr wichtige Arbeiten geleistet haben, daß Sie aber noch einiges tun müssen. Und dazu gehört – in unserem Bild könnten das die restlichen Mauern sein –, daß Sie Visualisierungen erstellen, also die Präsentationsinhalte bildhaft gestalten.

Im Kapitel 2.4 haben wir dazu eine Frage formuliert: »Wie kann ich die Argumente durch bildhafte Mittel so darstellen, daß ihr Verständnis oder ihre Überzeugungskraft optimal unterstützt wird?«

*Visualisierungen* sind bildhafte Umsetzungen von Inhalten – gelegentlich in Verbindung mit Tonmedien – zur Unterstützung des gesprochenen Wortes in einer Präsentation. Sie können auf einer Folie sein, die auf die Leinwand projiziert wird, auf einem Flipchart oder einer Pinnwand. Aufwendigere Visualisierungen sind zum Beispiel Videofilme, Diashows oder Computersimulationen. Visualisierungen werden über *Medien* zur Wirkung gebracht, z.B. über den Overheadprojektor, das Flipchart, die Pinnwand, den Monitor, die Computeranlage oder andere.

Die Überlegungen, wie viele und welche Visualisierungen Sie in Ihrer Präsentation verwenden, sind daher immer eng verbunden mit den Überlegungen, welche Medien Sie einsetzen wollen und können. Bei der Vorbereitung Ihrer Präsentation sollten Sie bereits wissen, welche Medien Sie einsetzen werden. Danach richtet sich dann die Erstellung der Visualisierungen.

## 6.1 Visualisierungen

Wir wollen Ihnen zuerst einen Einblick in den Komplex *Visualisierung* geben. Dazu gehen wir auf folgende Leitfragen ein:

- Warum sind Visualisierungen in einer Präsentation sinnvoll?
- Was macht Visualisierungen wirkungsvoll?
- Welche Möglichkeiten für Visualisierungen gibt es, und was muß dabei beachtet werden?

– Wie sehen die optischen Grundregeln für Visualisierungen aus?
– Worauf muß bei der Verwendung von Visualisierungen im Rahmen einer Präsentation besonders geachtet werden?

## *Warum sind Visualisierungen in einer Präsentation sinnvoll?*

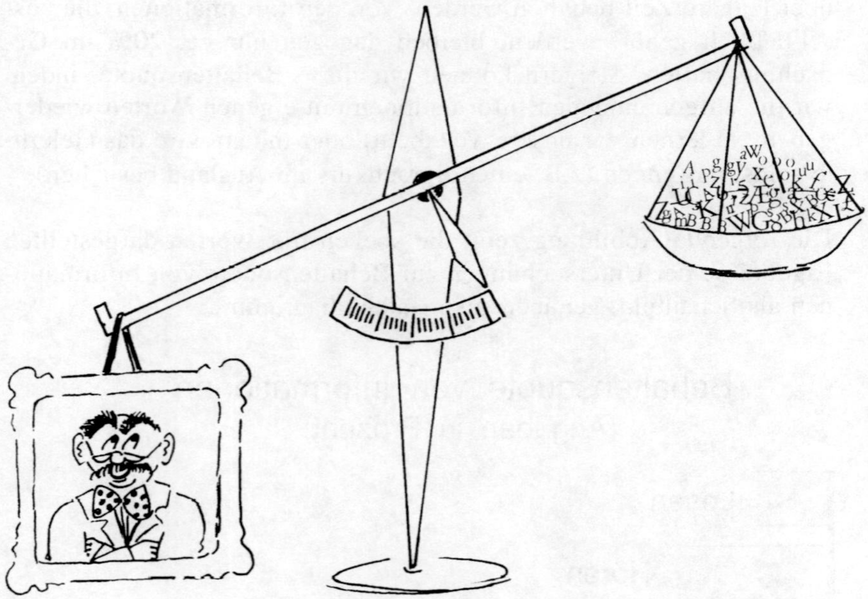

Das vorstehende Bild visualisiert ein altes Sprichwort: »Ein Bild sagt mehr als tausend Worte.« Dahinter verbirgt sich die Erkenntnis, daß Bilder, und das heißt auch Schaubilder, Grafiken oder Symbole in vielen Situationen Informationen umfassender, eindeutiger, zugespitzter weitervermitteln können als das gesprochene Wort. Denken Sie einmal an die überall auf der Welt zu findenden Symbole (sog. Piktogramme), die uns eindeutig darüber informieren, hinter welcher Tür sich eine Damen- oder eine Herrentoilette verbirgt, gleich ob wir die Sprache eines Landes verstehen oder nicht.

Hinzu kommt eine andere Besonderheit des menschlichen Lernens: die »Lernfähigkeit« der einzelnen Sinnesorgane. Ein bekanntes Sprichwort bezieht sich darauf, wenn es heißt: »In's eine Ohr 'rein, aus dem anderen heraus«. Zwar behalten wir mehr, wenn wir etwas *hören*, als wenn wir darüber *lesen*. Doch anders sieht es mit dem *Sehen* oder gar dem *Zusammenwirken von Sehen und Hören* aus. Untersuchungen haben ergeben, daß ca. 50% der Informationen, die über die »Kanäle« Sehen + Hören aufgenommen werden, über längere Zeit behalten werden. Von den Informationen, die ausschließlich gehört werden, bleiben dagegen nur ca. 20% im Gedächtnis haften. Steigern können wir diese Behaltensquote, indem wir die aufgenommenen Informationen mit eigenen Worten wiedergeben (so lernen wir unsere Vokabeln) oder indem wird das Gelernte selbst anwenden (z.B. einen Sprachkurs im Ausland besuchen).

Die folgende Abbildung zeigt die soeben mit Worten dargestellten Ergebnisse der Untersuchungen zur Behaltensquote von Informationen als Schaubild, genauer: als »Balkendiagramm«:

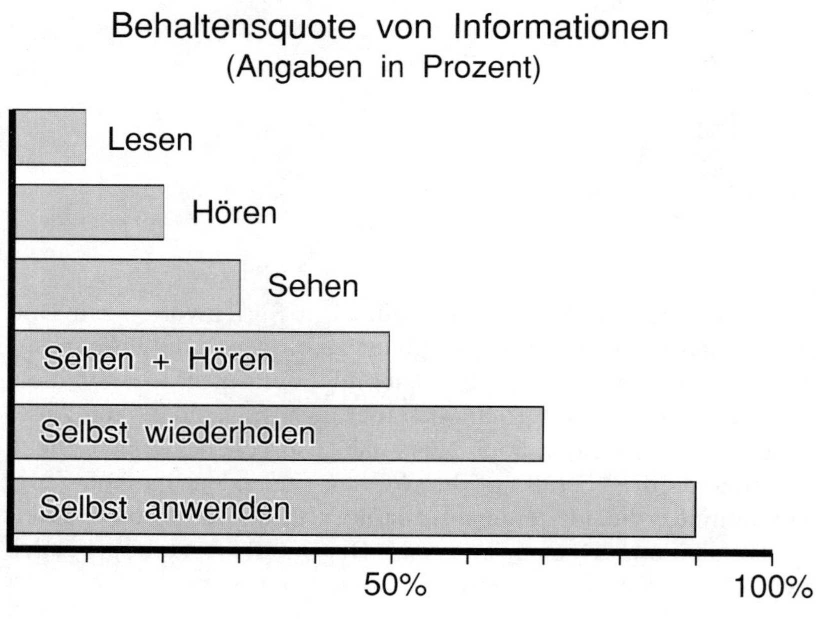

In Ihrer Präsentation können Sie die hier dargestellten Erkenntnisse nutzen, indem Sie Ihre Sprache mit Visualisierungen unterstützen.

Der Einsatz von Visualisierungen in Ihrer Präsentation hilft *Ihnen*

- Ihre Argumente verständlicher zu machen,
- Zusammenhänge leichter erkennbar zu gestalten,
- Ihre wichtigen Kernaussagen besonders eindrucksvoll hervorzuheben,
- Ihren Redeaufwand zu verkürzen,
- Ihre wichtigen Aussagen beim Publikum lange »im Gedächtnis zu plazieren«,
- Ihre gesamte Präsentation bunter und aufgelockerter zu gestalten.

Und dieser Einsatz verhilft natürlich *Ihrem Publikum* dazu, die Präsentation leicht und entspannt aufzunehmen und vielleicht sogar zu genießen.

## *Was macht Visualisierungen wirkungsvoll?*

Was wir sehen, behalten wir länger als das, was wir hören. Das stimmt auch, wenn wir diese Aussage auf unsere Sinnesorgane beziehen. Aber nicht alles, was wir sehen, bleibt auch für längere Zeit in unserem Gedächtnis haften. Auch hierfür hat unser Alltag ein Sprichwort formuliert: »Aus den Augen, aus dem Sinn«.

Das bedeutet, daß nicht jedes Bild automatisch die Erfolge erzielt, die hier als Leistungen von Visualisierungen genannt wurden. Ursache dafür ist wiederum das menschliche Gehirn:

Um nicht in der ungeheuren Flut von täglich auf den einzelnen einstürzenden Sinneswahrnehmungen zu »ertrinken«, hat das Gehirn als Schutzmechanismus mehrere »Wahrnehmungsfilter« oder Sperren errichtet. Sie bewirken, daß letztlich nur ein Bruchteil der wahrgenommenen Informationen auch dauerhaft im Langzeitgedächtnis abgespeichert wird.

*»Flut von Sinneswahrnehmungen«, »Filter und Sperren«: das sind ja auch bildhafte Aussagen, die einen komplizierten biologischen Zusammenhang verständlich machen sollen. Ich merke schon, auch meine Alltagssprache ist voll von »Visualisierungen«, die mir schon gar nicht mehr auffallen. Visualisierungen sind also keine Besonderheiten von Präsentationen. Aber dort muß ich sie besonders zielgerichtet und teilnehmerorientiert anfertigen und einsetzen*

Es hat sich gezeigt, daß Visualisierungen diese Wahrnehmungsfilter leichter passieren und dadurch länger im Gedächtnis bleiben, wenn sie bestimmte Merkmale aufweisen.

Sie sollten:

1. Gefühle und Einstellungen im Publikum ansprechen,
2. sich deutlich von anderen Informationen abheben,
3. möglichst auf »einen Blick« aufnehmbar und verständlich sein.

Was bedeuten nun diese drei Hinweise für die Erstellung von Visualisierungen, also für eine wirkungsvolle Text- und Bildgestaltung? Die Antworten auf diese Frage haben wir exemplarisch visualisiert:

zu 1.

zu 2.

*Informationen heben sich von anderen ab, wenn sie durch die Elemente Farbe, Form und Struktur eine eigene Gestalt bekommen. Um diese Signalwirkung zu erreichen, hat dieser Textteil eine Umrahmung erhalten und wurde kursiv und in einer anderen Schrift gesetzt. Eine andere Möglichkeit besteht darin, Gedanken mit einigen Kreisen und einer Figur zu versehen und daraus eine Gedankenblase zu machen, wie Sie es in diesem Buch erleben.*

zu 3. *Auf einen Blick aufnehmbar und verständlich* heißt:

**Die Darstellung sollte**
**➜ konkret und**
**➜ anschaulich sein,**
**➜ wenige Details haben.**

Es gilt: »Weniger ist mehr!«

*»Also, wenn das stimmt, was in dem Schaubild zur Behaltensquote von Informationen zu sehen war, bleibt noch mehr im Gedächtnis, wenn ich es mit eigenen Worten wiederhole. Nun, dann wiederhole ich: Eine Visualisierung ist die bildhafte Darstellung von bestimmten Informationen meiner Präsentation. Sie unterstützt wirkungsvoll die mündliche Rede. Das erreicht sie, wenn sie neben dem sachlichen Verständnis auch die Gefühle der Adressaten anspricht. Visualisierungen müssen eine eigene Gestalt bekommen, damit sie sich von anderen Informationen unterscheiden. Bei der Gestaltung von Bild und Text gilt der Grundsatz ›Weniger ist mehr‹.*

Durch die Visualisierung sollen nicht nur das sachliche Verständnis, sondern auch die *Gefühle* der Adressaten angesprochen werden. Wie wirkungsvoll die Aktivierung von »Herz und Verstand« ist, wird jeden Tag durch die Werbung gezeigt. Nutzen Sie dieses Zusammenwirken für Ihre Visualisierungen.

### *Welche Möglichkeiten für Visualisierungen gibt es, und was ist dabei zu beachten?*

Auch wenn das immer wieder verwendete Sprichwort von dem »einen *Bild*« spricht, das mehr aussagt als tausend Worte, so bestehen Visualisierungen nicht nur aus Bildern. Wir haben es schon angedeutet: Neben dem Bild kann auch der *plakativ geschriebene Text* als Visualisierung dienen. Hinzu kommen *Tabellen*, *grafische Schaubilder*, *Zeichen* und *Symbole*. Und schließlich kann auch eine *Kombination* von zwei oder mehreren dieser Visualisierungselemente eingesetzt werden.

Visualisiert könnte diese Aufzählung so aussehen:

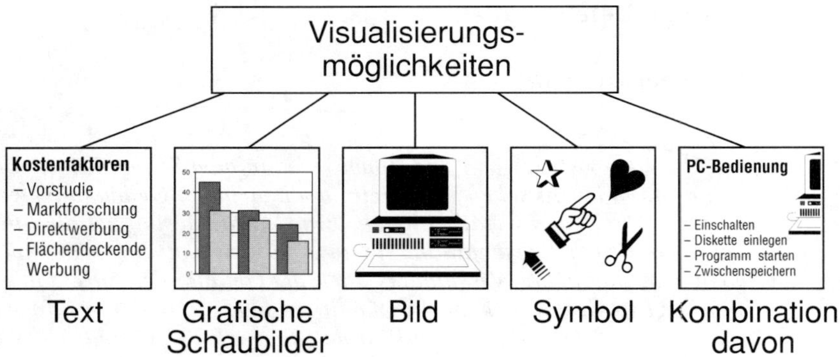


Wir wollen im folgenden eine Übersicht über die verschiedenen Visualisierungsmöglichkeiten geben und dabei die wichtigsten Hinweise für deren Gestaltung ansprechen:

#### *1. Der geschriebene Text*

Visualisierter Text eignet sich für Zusammenfassungen, Aufzählungen von Argumenten, für Gegenüberstellungen von Vor- und Nachteilen oder für die Hervorhebungen wichtiger Aussagen. Als Text

**Anforderungen an Textvisualisierung**

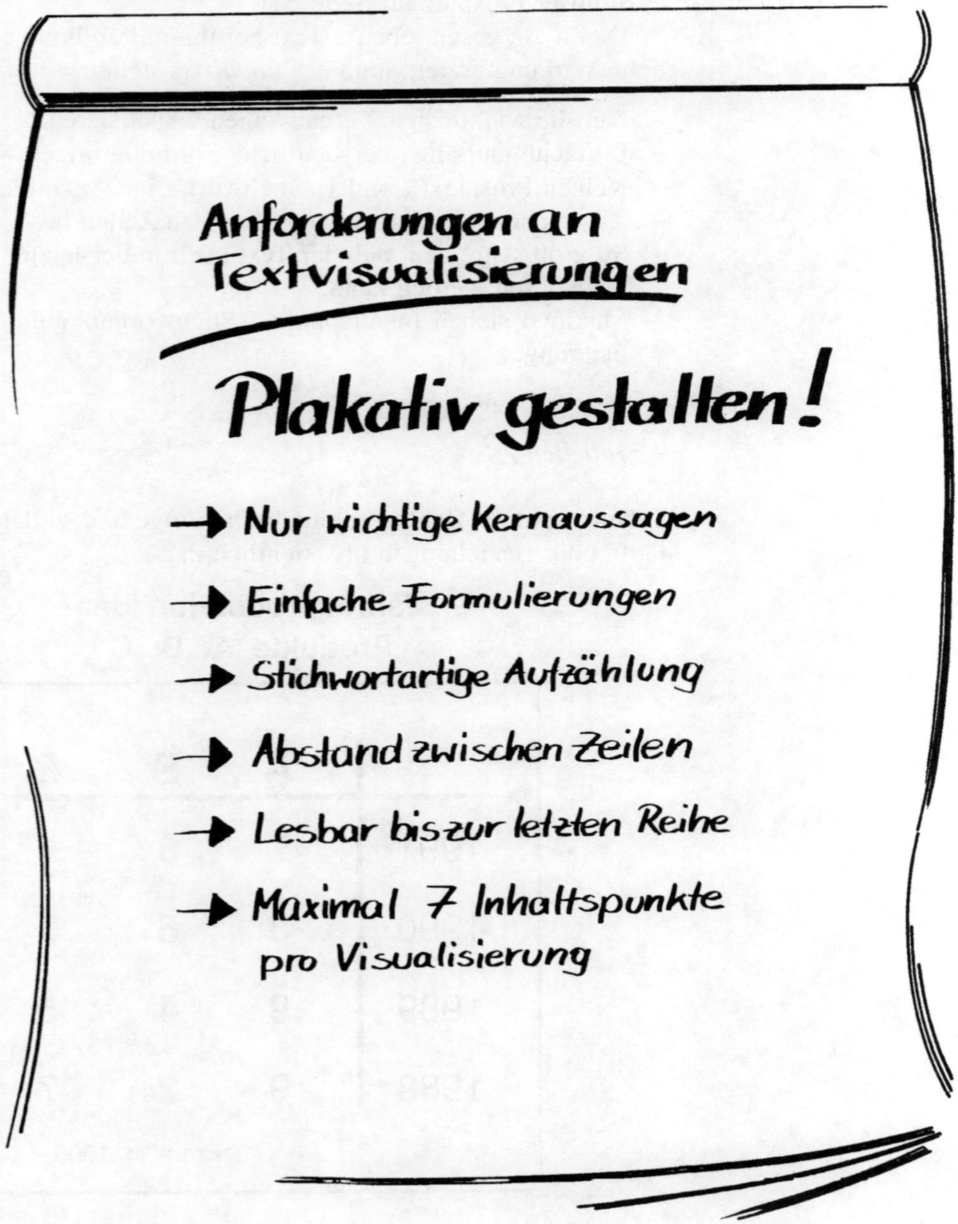

sollte auch der Ablauf Ihrer Präsentation visualisiert werden (vgl. dazu unser Beispiel auf Seite 74).

Damit ein geschriebener Text bei Ihrem Publikum eine möglichst hohe Wirkung erzielt, muß er *plakativ* gestaltet sein. Das bedeutet:

- Nur die wichtigsten Kernaussagen visualisieren.
- Einfache und allen verständliche Formulierungen wählen.
- Keinen Prosatext, sondern stichwortartige Aufzählungen wählen.
- Ausreichenden Abstand zwischen den Zeilen lassen.
- So groß schreiben, daß der Text auch in der letzten Reihe mühelos gelesen werden kann.
- Maximal sieben Inhaltspunkte (Stichwortaufzählung) pro Visualisierung.

*2. Tabellen*

Tabellen ordnen Zahlen in eine Reihenfolge und stellen dadurch Abläufe oder Beziehungen übersichtlich dar.

**Jahresproduktion der Produkte A, B, C**

| | A | B | C |
|---|---|---|---|
| 1991 | 7 | 8 | 1 |
| 1990 | 3 | 6 | 3 |
| 1989 | 9 | 4 | 5 |
| 1988 | 9 | 2 | 7 |

Stückzahl in 1000

Darauf müssen Sie bei der Erstellung von Tabellen besonders achten:

- Kopf- und Vorspalte durch eine stärkere Umrandungslinie abheben.
- Die Zahl der Spalten und Zeilen in der Tabelle so gering wie möglich halten, um auch die Tabelle »auf einen Blick« erfassen zu können.
- Die Spaltenbeschriftung lesbar gestalten; evtl. numerieren und eine Legende anlegen.
- Bei sehr vielen Spalten mehrere Spalten (2–3) durch dünne Linien zu Blöcken zusammenfassen.

### *3. Grafische Schaubilder*

Grafische Schaubilder sind das beste Mittel, um mit »Datenbergen« und schwer vorstellbaren Mengen- und Größenverhältnissen übersichtlich umzugehen.

Häufig benutzte Formen sind

- *Liniendiagramm*,
- *Balkendiagramm* (auch *Säulendiagramm*) und
- *Kreisdiagramm*.

Für die Erstellung grafischer Schaubilder gilt allgemein:

- Gestalten Sie Schaubilder überblickartig. Begrenzen Sie daher die Datenmenge und lassen Sie überflüssige Details weg.
- Nutzen Sie die Schaubilder, um komplexe Zusammenhänge zu vereinfachen.
- Stellen Sie möglichst nur ganze Zahlen dar. Verwenden Sie gerundete Werte.

#### *Das Liniendiagramm*

Liniendiagramme verbinden Zahlenwerte in einem Koordinatensystem. Das kann in Form von geraden Linien oder auch durch Kurven geschehen. Sie werden häufig eingesetzt, um Bewegungen oder Verschiebungen in einem zeitlichen Ablauf zu verdeutlichen. Mit Liniendiagrammen lassen sich Wachstumsentwicklungen, Trends oder Schwankungen auf einem Blick erkennen.

**Umsatzentwicklung der Produkte A, B, C**

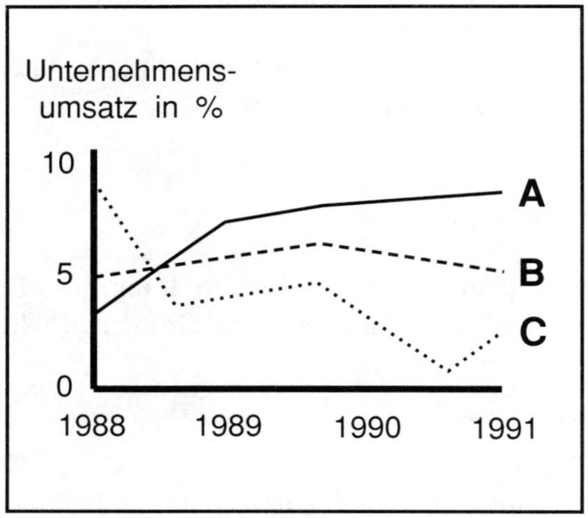


Darauf müssen Sie bei der Erstellung von Liniendiagrammen besonders achten:

- Verwenden Sie maximal 3–4 Linien in einer Visualisierung. Mehr Linien verwirren; besonders wenn einige Linien eng zusammen oder gar übereinander liegen.
- Verwenden Sie für unterschiedliche Linien verschiedene Farben oder Schraffuren.
- Schreiben Sie möglichst keine gesonderte Legende. Legen Sie die Bezeichnung direkt an die Kurve.
- Zeichnen Sie die Achsen dicker als die einzelnen Linien oder Kurven.
- Zeichnen Sie den Nullpunkt ein.

*Das Balkendiagramm*

Balkendiagramme (auch Stabdiagramme oder Säulendiagramme) schaffen sichtbare Vergleiche und bilden Größenverhältnisse untereinander ab. Die Balken (oder Säulen) können horizontal oder vertikal angeordnet sein (siehe Seite 110 Schaubild »Behaltensquote«).

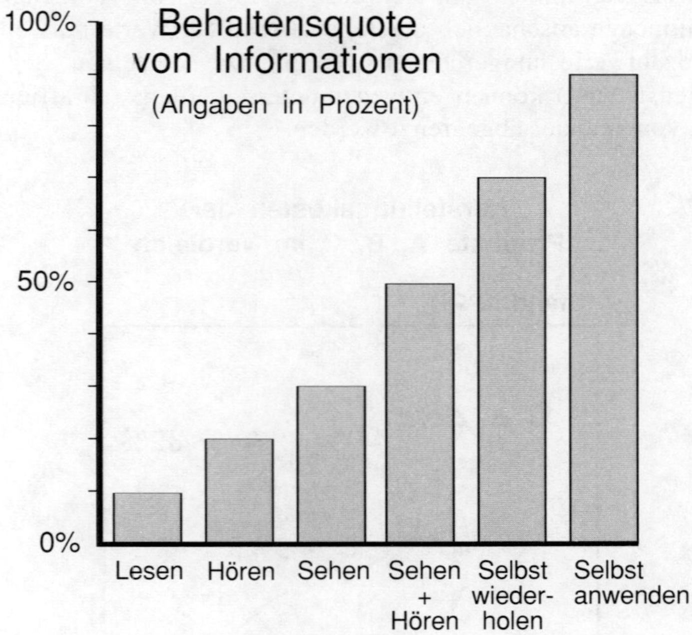


Darauf müssen Sie bei der Erstellung von Balkendiagrammen besonders achten:

- Eindimensionale Balken sind leichter zu vergleichen als dreidimensionale.
- Der Abstand zwischen den Balken sollte etwa die Hälfte der Balkenbreite betragen.
- Zeichnen Sie den Nullpunkt der Ordinate ein.
- Die einzelnen Balken können durch Rasterung und Farben unter-

schieden werden. Aber: Vermeiden Sie auffällige und unruhige Rasterungen sowie sehr grelle Farben.
- Zahlenwerte können über den Balken stehen.

*Das Kreisdiagramm*

Mit Kreisdiagrammen läßt sich das Verhältnis von Teilmengen zur Gesamtmenge anschaulich darstellen. Absolute Werte müssen dazu in Prozentwerte umgerechnet werden. Die einzelnen Segmente (»Tortenstücke«) können entweder unterschiedlich schraffiert oder farbig voneinander abgegrenzt werden.

**Herstellungskosten der Produkte A, B, C im Vergleich**

**(Stand 1991)**

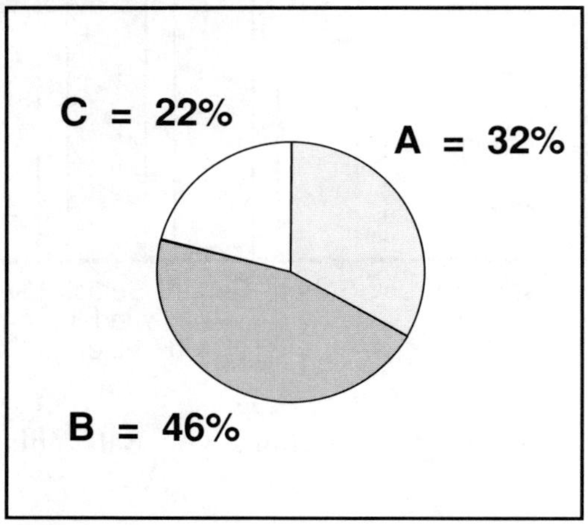


Darauf müssen Sie bei der Erstellung von Kreisdiagrammen besonders achten:

- Die Beschriftung der einzelnen Elemente kann außerhalb mit einem Verbindungsstrich erfolgen. Nur bei großen Schaubildern

und wenigen Kreissegmenten kann die Beschriftung innerhalb der Kreissegmente stehen.
- Ein Kreis sollte, um übersichtlich zu bleiben, in nicht mehr als 5–6 Segmente aufgeteilt werden.
- Rechnen Sie absolute Werte in Prozente um. Der vollständige Kreis bildet immer 100%.

*4. Bilder und Symbole*

Bilder und Symbole können komplexe Sachverhalte ausdrücken. Sie können andererseits »Geschichten erzählen«. Sie lösen bei den Anwesenden Ihrer Präsentation aber auch Assoziationen und Gefühle aus. Diese Assoziationen und Gefühle können *positiv* sein: ein Bild kann Freude bereiten, lustig wirken, zum Lachen anregen; sie können auch *negativ* sein: ein Bild erregt Abscheu, wirkt deplaziert, übertrieben.

Die Arbeitsgruppe Werbekampagne stellt sich vor

Die hier abgebildeten Visualisierungen zum Thema »Die Arbeitsgruppe Werbekampagne stellt sich vor« lösen bei jedem Leser und bei jeder Leserin unterschiedliche Assoziationen und Gefühle aus.

Bei der Vorbereitung einer Präsentation müssen Sie den Bild- und Symboleinsatz daher sorgfältig auf Ihre Zielgruppe abstimmen. Nicht jedes Bild eignet sich gleichermaßen für jedes Publikum.

Die Arbeitsgruppe Werbekampagne stellt sich vor

Wenden Sie also die Erkenntnisse, die Sie aus der Adressatenanalyse (vgl. Kapitel 2.3) gewonnen haben, auch auf den Einsatz von Bildern und Symbolen in Ihren Visualisierungen an.

*5. Kombinationen von zwei oder mehreren Visualisierungselementen*

Sie können die verschiedenen Visualisierungsmöglichkeiten auch miteinander kombinieren. Dabei bieten sich besonders Kombinationen an, bei denen Texte, Tabellen oder Schaubilder zusammen mit Bildern oder Symbolen gestaltet werden.

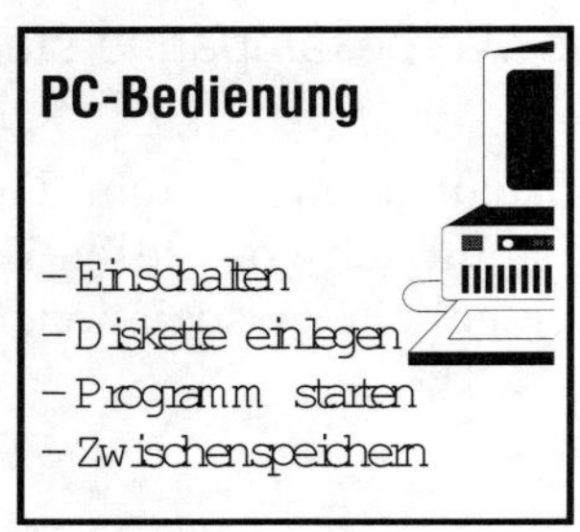

Derartige Kombinationen beleben und lockern die Visualisierung auf. Ihre Elemente beziehen sich aufeinander und regen dadurch zur intensiven Wahrnehmung an.

Der bildhafte Anteil in diesen Kombinationen zielt aber auch auf die Gefühlsebene der TeilnehmerInnen Ihrer Präsentation. Es besteht die Gefahr, daß das Bild die Sache »erschlägt«. Sie müssen auch hier genau überlegen, wie viele und welche Bilder Sie Ihrem Publikum »zumuten« können.

Dazu einige Fragen:

- Welche Ziele wollen Sie mit derartigen, bildunterstützten Visualisierungen erreichen?
- Wird diese Zielsetzung durch die geplante Anordnung von Text, Grafik und Bild erreicht?
- Paßt die Bildaussage zum Textinhalt bzw. zur Zielsetzung der Gesamtaussage?

## *Wie sehen die optischen Grundregeln für Visualisierungen aus?*

In den nachfolgenden Abschnitten stellen wir die aus unserer Sicht wichtigsten Regeln für die Gestaltung von Visualisierungen vor. Sie haben sich in der Praxis bewährt und sollen Ihnen als Empfehlungen für Ihre eigene Arbeit dienen.

### *Die äußere Form*

*Jede Visualisierung braucht einen Rahmen!* Sie können die intensive Wahrnehmung von Einzelinformationen – Kurven, Tabellen etc. – dadurch fördern, indem Sie diese in einem geschlossenen Rahmen anbieten. Ein gutes Beispiel für diesen Sachverhalt ist das gerahmte Bild an der Wand.

Bei Visualisierungen auf einer Pinnwand wird dieser Rahmen durch die abgesetzte Metallumrandung bereits mitgeliefert. Bei

Flipchartblättern oder Overhead-Folien (OVH-Folien) kann dagegen eine nachträgliche »Rahmung« gezeichnet werden. Der Rahmen sollte dann eine stärkere Strichbreite haben als die vorgesehenen Text- oder Bildelemente. Bei OVH-Folien ist ein Rahmen im Querformat (ca. 21 x 14 cm) ansprechender und für die Gestaltung einer Visualisierung vorteilhafter als ein Hochformat. Sowohl bei den Flipchartblättern als auch bei den OVH-Folien sollte oben außerhalb des Rahmens noch Platz für eine Überschrift gelassen werden.

In vielen Fällen wird der Rahmen in Verbindung mit einem Firmenlogo gestaltet. Dabei darf die Firmenselbstdarstellung nur soviel Raum einnehmen, daß noch genügend Platz für Überschrift etc. bleibt.

### *Die Überschrift*

*Jede Visualisierung braucht eine Überschrift*, die knapp und schlagwortartig wiedergibt, was durch die Visualisierung dargestellt werden soll. Durch Schriftgröße (besonders fett) und farbliche Gestaltung (Signalfarbe, z.B. rot) muß sie sofort ins »Auge springen«. Für den Inhalt der Visualisierung ergibt sich, daß tatsächlich nur der *eine* Sinnzusammenhang abgebildet wird, der durch die Überschrift angekündigt wird.

»Über«schrift bedeutet, daß sie den Lesegewohnheiten entsprechend links oberhalb der Visualisierung plaziert wird.

### *Der Einsatz von Farben*

*Mit Farben können Sie die inhaltlichen Aussagen der Visualisierung unterstützen und Wichtiges hervorheben.* Für das Auge haben Farben starke Signal- und Gestaltungswirkung. Daher sollten sie gezielt und sparsam verwendet werden.

Zu viele Farben verwirren. Verwenden Sie pro Visualisierung maximal drei Farben, in Ausnahmefällen vier. Beschränken Sie sich auf die vier Farben »Rot–Grün–Blau–Schwarz«. Vorsicht beim Einsatz von hellen Farben. Diese sind häufig auf weite Entfernungen nicht mehr erkennbar.

Gleiche Farben suggerieren gleichen Sinn. Wenn verschiedene Elemente oder Aussagen in einer Visualisierung in der gleichen Farbe abgebildet sind, faßt das Auge sie unbewußt zu einer Gruppe zusammen. Daher müssen Sie prüfen, ob diese Gruppenbildung analog zur inhaltlichen Argumentation erfolgt. Etwas einfacher: Wenn Ihre Hervorhebungen im ersten Abschnitt einer OVH-Folie in grün gehalten sind, werden auch die anderen grünen Textteile als Hervorhebungen gelesen. Und das gilt auch für die grünen Passagen auf den folgenden Folien. Benutzen Sie also Ihre Farben einheitlich.

In der Praxis hat sich dazu eine feste, funktionale Farbverwendung in Visualisierungen bewährt:

| | |
|---|---|
| – rot | für die Überschrift oder für inhaltliche Untergliederungen des Inhalts innerhalb des Rahmens, |
| – schwarz oder blau | für den Text/das Bild, |
| – blau | für Rahmen und Raster, |
| – grün | für Hervorhebungen innerhalb des Textes/Bildes oder für Rahmen und Raster. |

*Die Schriftgestaltung*

Die Schrift muß ohne die geringste Anstrengung für alle TeilnehmerInnen Ihrer Präsentation zu lesen sein. Jede Anstrengung des Auges, um zu klein oder undeutlich Geschriebenes zu »entziffern«, bedeutet für Ihr Publikum zusätzliche Mühe und lenkt von der Konzentration auf den Inhalt ab. Eine schlecht lesbare Schrift kann zur Verärgerung Ihrer TeilnehmerInnen führen: »Das kann man hier hinten nicht lesen. Wie heißt denn das?«

Wie muß die Schrift in Visualisierungen gestaltet sein?

- Die Schriftgröße muß so gewählt werden, daß sie auch von der hintersten Bank aus ohne Mühe gelesen werden kann. Die angemessene Schriftgröße sollte vorher selbst ermittelt werden. Informieren Sie sich daher über die Größe des Raums und die Entfernung von der Visualisierung bis zur letzten Reihe. Am besten wäre es, wenn Sie bei Ihrer »Raumbegehung« auch eine »Lesbarkeitsprobe« machen.

Eine Faustregel für OVH-Folien besagt z.B., daß die Schriftgröße mindestens 5 mm betragen muß, um aus einer Entfernung von 5 Metern noch lesbar zu sein. Die normale Schreibmaschinenschrift mit einer Höhe von etwa 2,8 mm wäre in diesem Fall eine »Todsünde«.

Für Flipchart- und Pinnwandvisualisierungen liegt die *Mindest*schriftgröße bei etwa 35 mm.

- Erst die Schriftstärke ergibt zusammen mit der Schriftgröße eine angenehme Lesbarkeit. Die speziell für den Einsatz auf Flipchart-/Pinnwandpapier konstruierten Filzschreiber verfügen deshalb über eine breite, abgeschrägte Spitze. Bei den Folienschreibern sind in den meisten Fällen die Strichstärken »M« und »F« ausreichend.
- Für Schrift, die auf einem Computer erstellt wird, gilt der Grundsatz: nur mit *einer* Schriftart arbeiten und die dazu gehörigen Hervorhebungen verwenden, also kursiv, fett/halbfett, Unterstreichung oder gesperrte Schrift.
- Folgende Vorschläge verhelfen zu einer lesbaren Handschrift bei Visualisierungen:

**Tips für eine lesbare Handschrift**

Es empfiehlt sich, den Umgang mit den ungewohnten Stiften und der nüchternen Druckschrift in einer »stillen Stunde« zu üben. Sie erhalten dadurch Sicherheit und gewährleisten, daß Ihre Handschrift auch in angespannten Situationen während der Präsentation gut lesbar bleibt.

*Das einheitliche Layout*

*Eine einmal gewählte Grundgestaltung muß sich in allen Visualisierungen einer Präsentation unverändert wiederholen.* Oder andersherum: Sie müssen Ihrem Publikum die neuen Inhalte immer wieder in einer gleichbleibenden, vertrauten Form anbieten.

Einheitliches Layout zeigt sich z.B. in einer unveränderten, funktionalen Farbzuordnung: alle Überschriften erscheinen rot und fett, alle Hervorhebungen grün. Oder: Ihr Firmenlogo hat seinen Platz rechts oben neben dem Rahmen Ihrer OVH-Folien.

## *Worauf muß bei der Verwendung von Visualisierungen im Rahmen einer Präsentation besonders geachtet werden?*

Wir haben Ihnen unter dem Stichwort Visualisierung einige Hinweise gegeben, warum Visualisierungen in einer Präsentation wichtig und auch wirkungsvoll sind. Darüber hinaus haben Sie verschiedene Formen und die wichtigsten Grundregeln für die Erstellung von Visualisierungen kennengelernt.

Dazu einige Leitfragen für Ihre Vorbereitung :

*Welche* Inhalte wollen Sie visualisieren, damit diese vom Teilnehmerkreis
- genau verstanden,
- besonders beachtet,
- noch lange erinnert werden?

*Wie viele* Visualisierungen wollen Sie einsetzen, so daß
- Ihr Publikum nicht von einem Überangebot an Bildern und Schaubildern »erschlagen« wird,
- für jede Visualisierung ausreichend Zeit bleibt, sie wahrzunehmen und zu erläutern,
- nicht der Eindruck entsteht, daß Ihre Rede nur zur Erläuterung der Visualisierungen dient, diese also im Mittelpunkt stehen, sondern umgekehrt die Visualisierungen Ihre mündliche Rede unterstützen?

*Wie* müssen die Visualisierungen *gestaltet* sein, damit sie
- von allen Anwesenden verstanden werden,
- in ihren emotionalen Bestandteilen akzeptiert und positiv bewertet werden,
- die inhaltlichen Aussagen einfach, eindeutig, anschaulich und anregend wiedergeben?

Bei der Planung und Erstellung Ihrer Visualisierungen müssen Sie also nicht nur das Ziel der Präsentation im Auge behalten, sondern immer auch Ihre TeilnehmerInnen. Wir haben es bereits angedeutet: Nicht jede Visualisierung wird von jedem Publikum gleichermaßen verstanden und akzeptiert.

## 6.2 Der Einsatz von Medien

### *Vorbemerkung*

Im vorhergehenden Teil war von Visualisierungen die Rede, der bildhaften Darstellung von Informationen, Gedanken und Ideen. Hier wird es nun darum gehen, *womit* diese Visualisierungen dem Publikum angeboten werden können. Medien sind nichts weiter als die »Träger« der Visualisierungen. Sie sprechen die unterschiedlichen Sinnesorgane der TeilnehmerInnen an:

- *Visuelle Medien*, wie das Flipchart, sprechen allein das Auge an.
- *Audio-visuelle Medien*, wie der Video-Film, bieten Informationen für die »Kanäle« Auge und Ohr.
- *Haptische Medien*, wie Modelle oder das präsentierte Produkt selbst, bieten Informationen über die Sinneswahrnehmung Tasten an.

*Ich könnte mir natürlich auch noch olfaktorische Medien vorstellen. Also Medien, die ausschließlich meinen Geruchssinn ansprechen. Den Umgang damit werde ich in diesem Buch wohl nicht finden. Sollte ich derartige Sachen trotzdem einmal anwenden, dann kann ich mir ja die notwendigen Informationen aus dem Roman »Das Parfum« von Patrick Süskind holen.*

Haptische Medien spielen bei Präsentationen nur in wenigen Fällen eine Rolle und werden daher in diesem Kapitel vernachlässigt.

Im Mittelpunkt stehen die visuellen und die audio-visuellen Medien. Ihre Behandlung erfolgt dabei an Hand folgender Leitfragen:

- Welche Medien kommen für Ihre Präsentation in Frage?
- Welche allgemeinen Regeln müssen Sie beim Einsatz von Medien beachten, gleich welches Medium Sie in Ihrer Präsentation einsetzen?
- Was zeichnet die einzelnen Medien aus? Wo liegen ihre Vorteile und Stärken beim Einsatz?
- Was ist beim Einsatz einzelner Medien besonders zu beachten?

## *Welche Medien kommen für Ihre Präsentation in Frage?*

*»Was gibt es überhaupt?«*

Bevor wir auf die »Qual der Wahl«, also die Gründe für den Einsatz bestimmter Medien eingehen, wollen wir noch eine andere Frage ansprechen: »Welche Medien können überhaupt in Frage kommen?«

»Welche Medien gibt es überhaupt, die sich für einen Einsatz in einer Präsentation eignen?«

Prinzipiell können Sie alles einsetzen, was Ihre Präsentation wirkungsvoll unterstützt (also auch die schon erwähnten Eau de Cologne). Sie müssen dabei natürlich Ihr Präsentationsziel, Ihre Zielgruppe und die »allgemeinen Hinweise für den Einsatz von Medien« beachten, die wir Ihnen noch vorstellen werden.

In der nachfolgenden Liste finden Sie die am häufigsten eingesetzten Präsentationsmedien:

Overhead-Projektor
Flipchart
Pinnwand/Stecktafeln
Schreibtafeln/Whiteboard
Dia-Projektor
Tonfilm
Videoband
Teilnehmerunterlagen

Mit den hier aufgeführten ist das Angebot der Medien, die Sie mittlerweile auf dem Markt erwerben können, keineswegs erschöpft. Immer wieder werden Sie von neuen Möglichkeiten der Produktion von Visualisierungen und deren mediengestützter Präsentation hören. Als Beispiel dafür können *Desktop Publishing* und *computergestützte Grafikprogramme* sowie *LCD-Präsentationen* dienen.

*Desktop Publishing* bedeutet das Gestalten von Texten, so wie dies auch in einer Satzanstalt oder in einer Druckerei geschieht. Desktop Publishing-Programme gibt es mittlerweile für Personal Computer. Das bedeutet, daß Sie die Möglichkeit haben, auf dem Personal Computer einen Text so zu »setzen«, wie dies früher nur mit den teuren Anlagen in einer Setzerei möglich war.

Bei der *LCD-Präsentation* (LCD= Liquid Crystal Display) wird eine, in einem Rahmen gehaltene Flüssig-Kristallanzeige wie eine Folie auf einen herkömmlichen Overheadprojektor gelegt. Dieser Aufsatz ist direkt mit einem Computer (z.B. Ihrem Personal Computer) verbunden. Das Bild, das sich auf dem Computerbildschirm aufbaut (z.B. eine komplexe Grafik), wird gleichzeitig auf der Flüssig-Kristallanzeige erstellt und auf die für alle sichtbare Leinwand projiziert.

Wir haben in diesem Buch auf die Behandlung derartiger Techniken verzichtet. Die richtige Anwendung und der professionelle Einsatz dieser Techniken erfordert eine ausführliche und umfangreiche Einweisung, die dieses Buch nicht leisten kann. Besonders deutlich wird dies am Beispiel des Desktop Publishing: Mit den vorliegenden Programmen haben Sie zwar die technischen Möglichkeiten, Texte so zu setzen, wie dies in einer Satzanstalt geschieht. Um aber Texte »sauber« nach typografischen (schriftsetzerischen) Anforderungen gestalten zu können, ist auch das Wissen eines Setzers oder einer Setzerin nötig. Ein Beispiel liegt vor Ihnen: Das Manuskript wurde von den Autoren auf einem Personalcomputer (PC) geschrieben und dann von einem ausgebildeten Setzer mit einem Desktop Publishing-Programm gestaltet.

*Wonach entscheidet sich die Auswahl Ihrer Medien?*

In Ihrer Präsentation werden Sie ein, häufig auch zwei verschiedene Medien einsetzen. In den seltensten Fällen werden Sie mit drei Medien arbeiten.

Die Auswahl der Medien, die Sie letztlich einsetzen, hängt von einer Reihe von Faktoren ab:

- Welche Visualisierungen passen am besten zu den Inhalten Ihrer Präsentation und erfordern daher den Einsatz der dazugehörigen Medien?
  (Sie wollen eine bestimmte Entwicklung durch das Anpinnen mehrerer Karten zeigen und benötigen dazu eine oder mehrere Pinnwände.)
- Welche Medien sind vorhanden, und über welche technischen Möglichkeiten verfügt der Präsentationsraum?
  (Nicht überall ist z.B. eine Pinnwand, ein TV-Monitor oder ein Filmprojektor vorhanden. Oder es fehlt an Verdunkelungsmöglichkeiten, was den Einsatz auch eines mitgebrachten Filmprojektors unmöglich macht.)
- Wieviel Zeit haben Sie für die Vorbereitung und Erstellung der Visualisierungen zur Verfügung?
  (Eine Overheadfolie können Sie in wenigen Minuten beschreiben, ein Dia oder Videofilm braucht dagegen etwas länger.)
- Wieviel Geld können (und wollen) Sie für die Erstellung der Visualisierungen oder für den Einsatz Ihrer Medien ausgeben?
  (Ein professionell erstellter Videofilm kostet pro Minute weit über tausend DM, und auch das Mieten einer Videoanlage kostet ein paar Mark, die Firmen oder Institute nicht immer auszugeben bereit sind.)
- Gibt es firmeninterne Standards, die Sie beim Einsatz von Medien berücksichtigen müssen?
  (Es gibt Unternehmen, in denen wird ausschließlich mit gedruckten Folien präsentiert. Andere Medien sind nicht erwünscht.)
- Mit welchen Medien arbeiten Sie am liebsten und strahlen dabei Souveränität und Ruhe aus?
  (Vielleicht schreiben Sie während einer Präsentation am liebsten

mit den breiten Filzstiften auf dem Flipchart und weniger gerne mit Folienstiften auf der Overheadfolie.)

Besonders dieser letzte Punkt sollte ausschlaggebend für Ihre Wahl sein (wenn Sie wählen können). Die Sicherheit nämlich, die Sie bei der Mediennutzung zeigen, trägt stark zum Gesamtbild Ihrer Präsentation bei.

Darüber hinaus sehen wir die Hinweise zur allgemeinen Mediennutzung und zum Einsatz einzelner Medien auch als Anregung, einmal mit bisher ungewohnten Medien zu arbeiten. Bedienen Sie sich dieser Hinweise und probieren Sie einmal eine Präsentation mit einem Medium, mit dem Sie bisher noch nicht gearbeitet haben. Versuchen Sie auf diese Weise, Ihre Kompetenzen zu erweitern, denn es können Ihnen immer wieder Präsentationen begegnen, die Sie mit Medien durchführen müssen, die Ihnen vorgegeben werden.

## *Allgemeine Hinweise für den Einsatz von Medien*

Gleich für welches Medium Sie sich entscheiden, immer gilt der Grundsatz, daß auch das beste Medium eine Präsentation schlecht aussehen lassen kann, wenn es nicht »zweckmäßig eingesetzt« wird. Hier nun ein paar Tips, die sich auf den Einsatz aller von uns behandelten Medien beziehen:

*Freie Sicht aller TeilnehmerInnen auf das Medium.*

Überprüfen Sie vor Beginn Ihrer Präsentation, ob von jedem Platz aus das Flipchart, die Pinnwand oder die Projektionsfläche vollständig und ohne Kopfverrenkungen zu sehen ist. Plazieren Sie entweder Ihr Publikum entsprechend oder stellen Sie die Medien um.

*Der dargestellte Inhalt muß für alle lesbar und erkennbar sein.*

Wir erinnern dabei noch einmal an die Hinweise aus dem Teil »Visualisierung« zur Schriftgröße auf dem Flipchart und den OVH-Folien. Auch daran, daß Schreibmaschinenschrift auf OVH-Folien eine »Todsünde« darstellt, da sie schon in der zweiten Reihe nicht mehr gelesen werden kann.

Wenn Sie den Raum für die Präsentation herrichten, überprüfen Sie in diesem Zusammenhang auch, ob die Medien möglichst nahe beim Publikum stehen. Das gilt besonders für das Flipchart und die Pinnwand. Die Medien gehören – genauso wie Sie selbst – zur Präsentation und damit in die Nähe der TeilnehmerInnen und nicht irgendwo ein paar Meter entfernt in eine Ecke. (Das bedeutet aber nicht, daß Sie sich durch die Medien Ihre Bewegungsfreiheit rauben lassen.)

*Geben Sie genügend Zeit für das Wahrnehmen oder das Lesen der gezeigten Inhalte.*

Denken Sie daran, wann immer Sie eine Flipchart-Seite umblättern oder eine neue OVH-Folie auflegen: Ihre TeilnehmerInnen müssen sich erst einmal mit dem vertraut machen, was da an Neuem erscheint. Alle Aufmerksamkeit wird sich darauf konzentrieren, den visualisierten Text zu lesen, die projizierte Grafik zu erfassen, über das witzige Bild zu lachen etc. Erst dann sind alle bereit, wieder Ihrer Rede zu folgen. Lassen Sie also Ihrem Publikum diese notwendige Orientierungszeit. Machen Sie eine kurze Pause, bevor Sie mit den Erläuterungen der Visualisierung beginnen.

*Halten Sie während des Medieneinsatzes Blickkontakt zum Publikum.*

Sie kennen vielleicht alle diese Situation: Der oder die Präsentierende erklärt ein auf die Leinwand projiziertes Schaubild und steht dabei mit dem Rücken zum Publikum. (Im schlimmsten Fall wird dabei noch die Sicht auf die Leinwand versperrt.)

Denken Sie daran: auch beim Medieneinsatz steht Ihr Publikum im Mittelpunkt Ihrer Präsentation und nicht das projizierte Bild oder das beschriebene Flipchart-Blatt. Wenden Sie Ihren Blick nur so lange vom Publikum ab zu den Medien, so lange es notwendig ist, um zum Beispiel die Schärfe des projizierten Bildes zu prüfen. Die Informationen oder die Visualisierungen, die Ihr Publikum neben oder hinter Ihnen auf der Leinwand sieht, haben Sie vor sich in Ihrem Manuskript.

Das heißt für Ihre Rede: Sprechen Sie nie »zu den Medien«. Wenn Sie eine Folie oder ein Flipchartblatt beschreiben, schweigen Sie (schon alleine, um den Anwesenden Zeit zum Lesen zu geben). Wenden Sie sich danach wieder Ihrem Publikum zu und erläutern das Geschriebene oder Gemalte. Sie können sich dabei natürlich ab und zu umdrehen, um sich die notwendigen Informationen zu Ihren Ausführungen zu holen. Bei vorbereiteten Visualisierungen wird das nicht notwendig sein, da Sie Kopien davon auch in Ihrem Manuskript haben.

*Führen Sie durch das Medium*

Auch wenn Sie mit Ihrer Aufmerksamkeit bei Ihrem Publikum sind, zeigen Sie immer wieder – mit der Hand, einem Stift, einem Zeigestock – auf die Stelle, über die Sie gerade sprechen. Sie verdeutlichen dadurch auch körperlich die Zusammengehörigkeit von Wort und Visualisierung.

*Erläutern Sie nur das, was das Medium auch darstellt.*

Das Zeigen einer Visualisierung, gleich ob als projiziertes Bild oder beschriebenes Flipchart-Blatt, erzeugt beim Publikum viel Aufmerksamkeit. Nutzen Sie diese, auf die Inhalte Ihrer Visualisierung gerichtete Aufmerksamkeit, indem Sie auch *nur dazu* etwas sagen. Das Gezeigte muß also inhaltsgleich mit dem Gesprochenen sein.

Das erreichen Sie auch dadurch, daß Sie das Medium erst dann aufdecken, auf die Leinwand projizieren, aufblättern etc., wenn Sie dazu etwas sagen wollen. Und umgekehrt nehmen Sie die Folie vom Projektor, blättern die Flipchart-Seite um etc., wenn der Punkt abgehandelt ist und die Visualisierung nicht mehr benötigt wird.

*Bereiten Sie alles vor, um die Medien optimal einsetzen zu können.*

Auch beim Einsatz der Medien läuft nichts ohne die Kleinigkeiten. Haben Sie Stecknadeln dabei und in Griffnähe, um die Kärtchen an die Pinnwand anzuheften? Sind die richtigen (nicht ausgetrockneten) Filzstifte da, um ein Flipchart beschreiben zu können? Haben Sie an unbeschriebene Folien gedacht, um während der Präsentation spontan eine Idee zu skizzieren?

*Prüfen Sie jedes Medium vor dem Einsatz auf technische Funktionstüchtigkeit und üben Sie den Einsatz und Gebrauch.*

Diese beiden Hinweise wurden schon wiederholt angesprochen. Eine Generalprobe mit den Medien, ein letzter »Check«, bevor es losgeht, geben Ihnen in der Präsentation das Stück Sicherheit und innere Ruhe, die vielleicht entscheidend sind. Das gilt insbesondere dann, wenn Sie einmal »neue« Medien ausprobieren: machen Sie sich *vorher* damit vertraut.

*Setzen Sie mehrere Medien ein.*

Wenn Sie bei einer längeren Präsentation nur mit einem Medium arbeiten, kann es passieren, daß die Darstellung monoton wird. Zum Beispiel dann, wenn Sie die ganze Zeit über relativ gleichaussehende Tabellen auf eine Leinwand projizieren.

Auf der anderen Seite gibt es die etwas spöttische Bezeichnung »Medienfeuerwerk«, die eine Präsentation beschreibt, bei der Sie in wenigen Minuten von einem Medium zum anderen rennen und nach Flipchart, Pinnwand und OVH-Folie endlich beim Diaprojektor landen und dabei vergessen haben, den Videofilm auszustellen.

Zwischen diesen beiden Extremen sollten Sie Ihren Medieneinsatz planen. Mehrere Medien sorgen für Abwechslung und können belebend wirken. Überlegen Sie bei der Vorbereitung Ihrer nächsten Präsentation, wie sich der Einsatz von zwei oder drei Medien sinnvoll realisieren läßt. Welche Medien dafür in Frage kommen, dazu bekommen Sie vielleicht bei der folgenden Beschreibung spezifischer Medien einige Ideen.

In »unserem Beispiel« könnte der Einsatz mehrerer Medien folgendermaßen aussehen:

Auf Flipchart-Blättern wird alles visualisiert, was die ganze Präsentation über gezeigt werden soll. Dazu können die vorbereiteten oder spontan beschriebenen Blätter nach ihrer Erläuterung im Raum aufgehängt werden. Hierfür eignen sich zum Beispiel Blätter mit

- den Namen der Projektgruppenmitglieder,
- dem Thema, dem Ziel der Präsentation,
- dem inhaltlichen und zeitlichen Ablauf der Veranstaltung,
- den wichtigsten Vorteilen der überarbeiteten Kampagne.

Auf OVH-Folien werden alle Kernaussagen der Präsentation visualisiert. Dazu gehören natürlich auch die wichtigsten Vorteile des überarbeiteten Konzepts. Sie werden mit Hilfe der OVH-Folie vorgestellt und gleichzeitig auf dem Flipchart gesammelt. Anschließend wird das Blatt mit den Vorteilen für alle sichtbar an eine Seitenwand des Raumes gehängt.

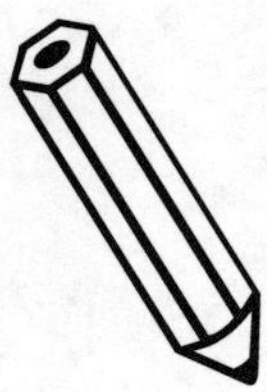

Während der Frage- und Diskussionsrunde kann dann noch die Pinnwand zum Einsatz kommen. Die Anwesenden notieren ihre Fragen zu den einzelnen Präsentationsabschnitten auf Karten, die dann für alle sichtbar auf der Pinnwand angeheftet und dabei geordnet werden.

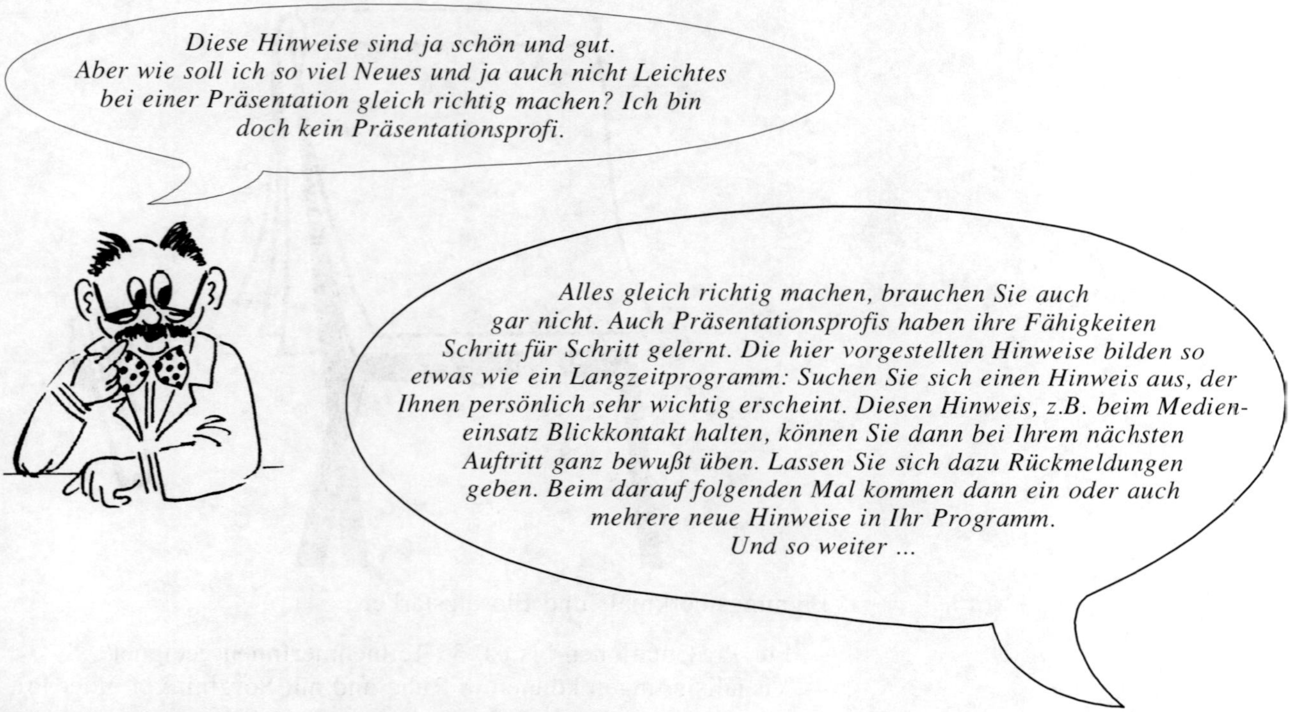

## *Die einzelnen Medien und was es dabei zu beachten gibt*

Um Ihnen für die Auswahl der Medien eine erste Orientierung und Entscheidungshilfe zu geben, werden wir

- die einzelnen Medien kurz vorstellen und beschreiben,
- ihre besonderen Eignungsmerkmale und Einsatzstärken nennen,
- besondere Handhabungshinweise aufführen.

### *Das Flipchart*

*Beschreibung*: Das Flipchart besteht aus einem Flipchartständer, auf dessen Auflagefläche das Flipchart-Papier aufgehängt werden kann. Auf diesem Papier kann mit Filzstiften in breiter Strichstärke geschrieben werden. Die Papierfläche beträgt ca. 70 x 100 cm.

Eignungsmerkmale und Einsatzstärken

- Für Präsentationen bis ca. 35 TeilnehmerInnen geeignet.
- Visualisierungen können in Ruhe und mit Sorgfalt vor einer Präsentation erstellt werden.
- Die Filzstifte erzeugen sehr farbkräftige, kontrastreiche Darstellungen.
- Visualisierte Informationen bekommen eine hohe plakative Wirkung. Sie stehen für alle gut sichtbar ganz in der Nähe der TeilnehmerInnen.
- Die visualisierten Informationen können durch drehbuchartiges Vor- und Zurückblättern sofort wieder aktualisiert werden.
- Wichtige und während einer Präsentation häufig eingesetzte Darstellungen können auf dem Flipchart-Blatt an die Wand gehängt werden. Sie werden dadurch dauerhaft für alle sichtbar und lassen eine Entwicklung von Inhalten deutlich werden.
- Visualisierungen auf dem Flipchart eignen sich besonders für Kernaussagen, wichtige Übersichten, Inhaltsverzeichnisse, Ablaufdarstellungen, sowie für das spontane Mitschreiben von Teilnehmerbeiträgen und -fragen.

Besondere Handhabungshinweise

- Die Lesbarkeit der Handschrift ist oberstes Gebot. Verwenden Sie liniertes Flipchart-Papier und üben Sie das ungewohnte Schreiben auf diesen Blättern. Nutzen Sie dazu die Hinweise zur Schriftgestaltung im Kapitel 6.1 Visualisierungen: »Optische Grundregeln für Visualisierungen«.
- Versuchen Sie max. 10 Zeilen zu beschreiben. Arbeiten Sie mit Stichworten oder knappen Sätzen. (Vergleiche dazu die Flipchart-Beispiele in diesem Buch.)
- Setzen Sie unterschiedliche Farben ein.
- Sie können sich mit Bleistift auf dem Rand der Blätter Notizen machen, die Ihnen das »spontane« Entwickeln von Visualisierungen während der Präsentation erleichtern. Diese Bleistiftnotizen sind in einiger Entfernung vom Publikum nicht mehr zu sehen. (Es schadet Ihnen aber auch nicht, wenn das Publikum weiß, daß Sie sich Notizen gemacht haben!)
- Gestalten Sie Zeichnungen so einfach wie nur möglich. So brauchen Sie kein großer Künstler zu sein und erzielen doch ausreichend Wirkung durch wenige Details.

## *Der Overheadprojektor*

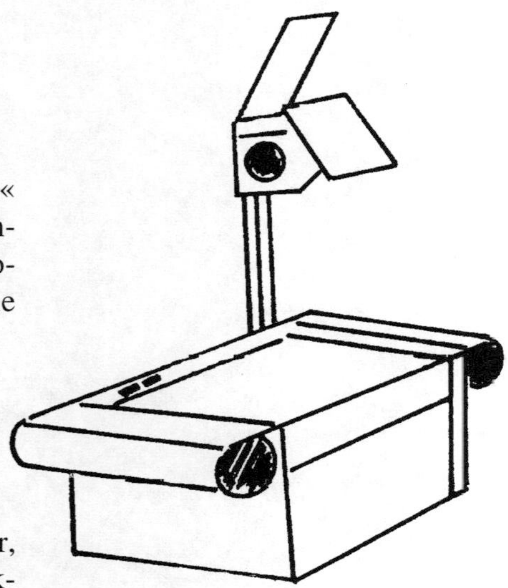

*Beschreibung*: Auf die belichtete Glasplatte des »Arbeitsprojektors« oder »Tageslichtprojektors«, wie das Gerät auch genannt wird, können Sie beschriftete Durchsichtfolien (OVH-Folien, Transparentfolien) legen und vergrößert auf eine Leinwand projizieren. Eine Raumverdunklung ist häufig nicht notwendig.

Eignungsmerkmale und Einsatzstärken

- Für Präsentationen vor ca. 100 TeilnehmerInnen einsetzbar, wenn die Lichtstärke, Folienqualität und die Größe der Projektionsfläche stimmen. (Selbst überprüfen!)

- Die Visualisierungen können schnell und flexibel eingesetzt werden. Durch das Übereinanderlegen von mehreren Folien konstruieren Sie komplexe Darstellungen. Umgekehrt vereinfachen Sie Zusammenhänge, indem Sie einzelne Folien wieder wegnehmen. Visualisierungen können nur teilweise gezeigt (Abdecktechnik), gedreht oder verschoben werden.
- Folien können dazu benutzt werden, eigene Gedanken etc. sowie Teilnehmerbeiträge zu dokumentieren.
- Die Folien können professionell gestaltet, farbig beschrieben, bedruckt oder kopiert werden. Sie lassen sich aber auch schnell und einfach mit der Hand schreiben oder zeichnen.
- Die Folien lassen sich leicht auf Papier kopieren und so zur Protokollerstellung verwenden.
- Die fertig erstellten Folien können als Stichwortmanuskript für die Präsentation verwendet werden.
- In einer Schutzhülle können die Folien fast beliebig oft wiederverwendet werden.

Besondere Handhabungshinweise

- Halten Sie beim Präsentieren von Folien den Blickkontakt mit Ihrem Publikum. Lesen Sie die Informationen, die Sie benötigen, direkt von der Folie ab, nicht jedoch von der Leinwand.
- Schalten Sie den Projektor aus, wenn Sie Ihre Erläuterungen zu einer Visualisierung beendet haben und Sie die nächste Folie nicht sofort anschließend zeigen.
- Wenn Sie 24 Folien in der Sekunde auflegen, zeigen sie einen Film. Überfordern Sie Ihr Publikum also nicht. Eine Faustregel: Pro *zwei* Minuten *eine* Folie.
- Führen Sie Ihr Publikum durch die Visualisierung auf der Folie, indem Sie einen spitzen Stift auf die Folie legen. So markieren Sie die Stellen, über die Sie in dem Augenblick auch reden.
- Kontrollieren Sie die Abbildungsschärfe auf der Projektionswand und stellen Sie den Projektor richtig scharf. Da sich die Scharfstellung im Laufe einer Präsentation verändern kann, müssen Sie diesen »Kontrollblick« gelegentlich wiederholen.

- Numerieren Sie Ihre Folien (kleiner Klebepunkt aus Papier). So finden Sie in der Diskussion auch schnell jede Visualisierung, über die gerade diskutiert wird: »Können Sie noch einmal die Folie auflegen, die die Kosten der Werbekampagne zeigt?«
- Machen Sie sich auf Ihrem »Präsentationstisch« genügend Platz, um die noch zu zeigenden und die schon gezeigten Folien abzulegen.

### *Die Pinnwand*

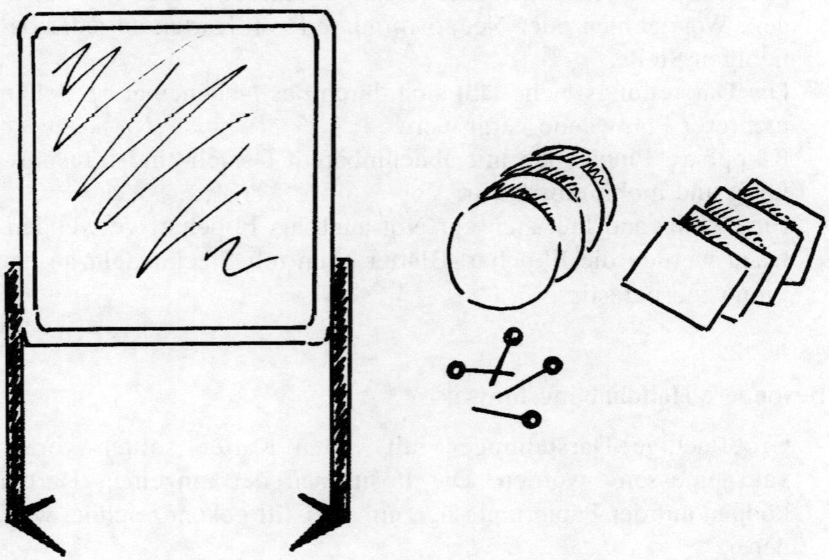

*Beschreibung*: Pinnwände werden auch als »Stecktafeln« bezeichnet. Es handelt sich um Weichfaserplatten im Format von ca. 120 x 140 cm, die auf eigenen Gestellen stehen oder an einer Wand angebracht sind. Zum Schutz der Platten vor Bemalung, werden sie mit Papierbögen bespannt, auf denen auch geschrieben werden kann. Auf den Pinnwänden können mit Nadeln Karten in verschiedenen Formaten und Farben angeheftet – »angepinnt« – werden.

Eignungsmerkmale und Einsatzstärken

- Für Präsentationen vor ca. 35 TeilnehmerInnen geeignet.
- Die Pinnwand eignet sich besonders für das schrittweise Abbilden und Entwickeln von Ideen, Strukturen, Abläufen etc. Die Wirkung besteht darin, daß Darstellungen vor den Augen des Publikums »mitwachsen«. Sie erreichen das durch das schrittweise Anheften vorbereiteter Kartonkarten.
- Über die unterschiedlichen Formate (Kreise, Ellipsen, Rechtecke) und Farben lassen sich Zusammenhänge, Abhängigkeiten sowie komplexe Strukturen anschaulich darstellen.
- Pinnwandentwicklungen sind leicht veränderbar durch das Einfügen, Wegnehmen oder Neupositionieren von Karten an jeder beliebigen Stelle.
- Die Darstellungsfläche läßt sich durch das Nebeneinanderstellen mehrerer Pinnwände vergrößern.
- Klappbare Pinnwände mit abnehmbarem Gestell sind transportfähig und mobil einsetzbar.
- Eine Pinnwand läßt sich zur Not auch als Flipchart verwenden. Dazu werden die Flipchart-Blätter oben mit Stecknadeln an der Pinnwand befestigt.

Besondere Handhabungshinweise

- Großflächige Darstellungen mit vielen Karten sollten vorher »ausgemessen« werden. Die Positionen der einzelnen Karten können auf der Papierunterlage mit Bleistift gekennzeichnet werden.
- Achten Sie darauf, daß Karten gleicher Formate und Farben auch gleichen Sinn ausdrücken.
- Der sichere Umgang mit den Karten und das Anheften mit Hilfe der Stecknadeln muß vorher unbedingt geübt werden (nicht nur, damit die Finger vor Verletzungen sicher sind).
- Bleiben Sie nicht vor der Pinnwand stehen, wenn Sie eine Karte angeheftet haben. Machen Sie immer wieder die Sicht auf »Ihr Werk« frei. Sie müssen sich also im Umgang mit der Pinnwand etwas mehr bewegen als bei anderen Medien.

*Die Schreibtafel, das Whiteboard*

*Beschreibung*: Jeder Leser und jede Leserin dürfte die alte Schiefertafel und die Kreidestifte noch aus der Schulzeit kennen. Das moderne Nachfolgemodell heißt »Whiteboard«. Es ist eine weiße Kunststofftafel auf meist fahrbarem Gestell. Es wird mit speziellen Filzstiften (Boardmarker) beschrieben. Die Schrift läßt sich mit einem Schwamm ebenso leicht abwischen wie bei der alten Schultafel.

Eignungsmerkmale und Einsatzstärken

- Die Tafeln sind für Präsentationen bis ca. 25 Personen einsetzbar.
- Die Tafeln bieten eine große, gut sichtbare Fläche, die Informationen für eine bestimmte Dauer aufnimmt.
- Sie sind einfach zu beschreiben. Man kann auf ihnen gut korrigieren und das Geschriebene wieder löschen.
- Tafeln eignen sich weniger für die dauerhafte Dokumentation

von Informationen, eher für die begleitende Unterstützung einer Präsentation.

Besondere Handhabungshinweise

- Achten Sie auf ausreichenden Kontrast bei grünen oder schwarzen Tafeln. Verwenden Sie weiße oder gelbe Kreide.
- Vergessen Sie das Schriftbild der meisten Ihrer Lehrer und Lehrerinnen aus der Schulzeit. Die haben nie gelernt, wie man auf großen Flächen schreibt. Schreiben Sie auf der Tafel in der gleichen Schrift wie auch auf dem Flipchart: groß und für alle gut lesbar, mit wenigen Ober- und Unterlängen.

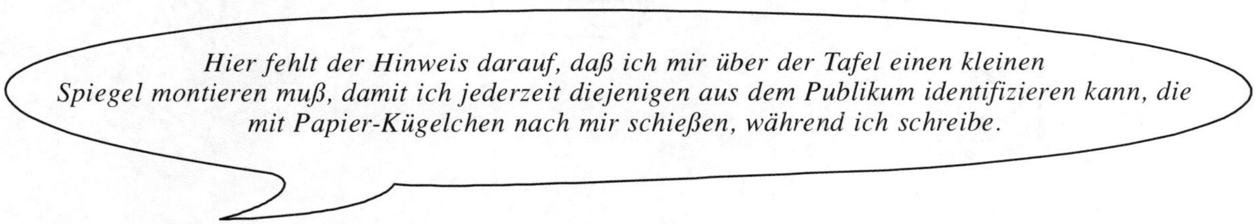

## *Der Diaprojektor*

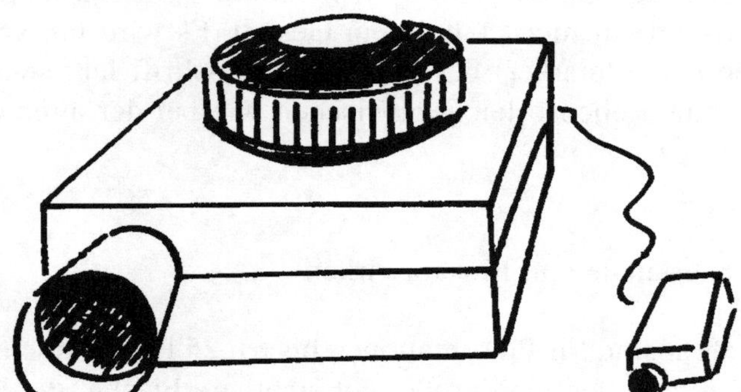

*Beschreibung*: Der Einsatz des Diaprojektors verlangt einen abgedunkelten Raum. Aber das kennen Sie sicher alles von Ihren eigenen Dia-Abenden oder denen im Freundes- und Bekanntenkreis ...

Eignungsmerkmale und Einsatzstärken

- Das Zeigen von Dias eignet sich für Präsentationen vor kleinen und vor sehr großen Gruppen mit über hundert Personen.
- Reale Bilder, Zeichnungen, Grafiken oder Texte: alles kann farbig, kontrastreich und großflächig projiziert werden.
- Diavorführungen erzielen in der Regel eine hohe Akzeptanz, da sie an die Sehgewohnheiten von Kino oder Fernsehen anknüpfen.
- Aufwendige Geräte mit Doppelprojektion arbeiten mit »weichen« Überblendungen zwischen den Dias. Dadurch gibt es keine störende Dunkelphase zwischen den einzelnen Dias mehr.
- Die Bildfolge läßt sich mit Tonmedien koppeln. Mit Musikunterlegung können Sie eine sehr lebendige Darstellung erzielen.

Besondere Handhabungshinweise

- Sie müssen einige Anstrengungen unternehmen, um Ihr Publikum »wachzuhalten«. Der verdunkelte Raum verführt dazu, nur noch die Dias zu beachten und mit den Gedanken abzuschweifen. Reden Sie etwas lauter und wählen Sie nur solche Dias, die Ihr Publikum eng an *Ihrem* Thema bleiben läßt.
- Die Bildauswahl und die mündlichen Erläuterungen müssen sehr knapp und klar sein. Sie können nicht mitten in einer Diapräsentation das Licht anmachen, um z.B. auf dem Flipchart einen weiterführenden Gedanken zu skizzieren. Im Rahmen einer Präsentation bildet der Dia-Einsatz einen geschlossenen Block, der aussagekräftig und spannend zu sein hat.
- Nach Beendigung der Dia-Darstellung im Rahmen Ihrer Präsentation müssen Sie die TeilnehmerInnen wieder »zurückholen«. »Wecken« Sie sie mit Stimme und Gestik wieder auf. Nach längeren Diapräsentationen empfiehlt sich eine kleine Getränkepause, in der auch gelüftet werden kann. Das Publikum bekommt dadurch die Gelegenheit, aus der »Welt der Diapräsentation« wieder in den »normalen Präsentationsablauf« überzugleiten.

## *Der Tonfilm / Videofilm*

*Beschreibung*: Beiden Medien ist gemeinsam, daß sie durch die bewegten Bilder sehr anschaulich wirken. Diese Medien sind vertraut und beliebt (Kino, Fernsehen). Entsprechend »verwöhnt« ist das Publikum, was die Qualität der Produktion anbetrifft.

Eignungsmerkmale und Einsatzstärken

- Prozesse und Entwicklungen können durch bewegliche Bilder anschaulich dargestellt werden.
- Komplizierte Zusammenhänge und Abläufe können vereinfacht – z.B. durch einen Zeichentrickfilm – umgesetzt werden.
- Durch die Wahl der Bilder wird die Gefühlsebene angesprochen. Bilder können positive wie auch negative Gefühle hervorrufen.
- Ein Film kann vorspielen, wie eine gewünschte Handlung aussehen kann. Die TeilnehmerInnen bekommen so vorgemacht, was sie selbst in der Praxis tun sollen.
- Beide Medien sind in der Herstellung mit hohen Kosten verbunden und ohne Fachunterstützung selten mit Eigenmitteln herzustellen.
- Die Wiedergabe der Filme ist mit technischem Aufwand verbunden. Der herkömmliche Tonfilm setzt die Verdunkelung des Raumes voraus.

Besondere Handhabungshinweise:

- Ein Film bildet im Rahmen einer Präsentation einen geschlossenen Block. Er wird die ganze Aufmerksamkeit des Publikums auf sich ziehen. Nach Beendigung des Films müssen Sie daher Ihr Publikum wieder »zurückholen«. Sie können das durch ein paar etwas lauter gesprochene überleitende Sätzen machen oder durch eine kleine Pause.
- Sorgen Sie dafür, daß »die Technik klappt«. Die Videoanlage muß richtig verkabelt sein,der Filmprojektor muß funktionieren.
- Können Sie eine Videoanlage und einen Filmprojektor (inklusive Filmeinspulen etc.) bedienen? Die Videoanlage wird immer mehr zum festen Bestandteil eines jeden Haushalts. Der Umgang mit einem Filmprojektor ist dagegen nur wenigen geläufig. Wenn Sie häufig mit Ton- oder Videofilmen arbeiten, bieten Ihnen Landesbildstellen, Volkshochschulen etc. Einführungskurse für den Umgang mit diesen Medien.

## *Die Teilnehmerunterlagen*

Auch Teilnehmerunterlagen können *während* einer Präsentation als Medium genutzt werden.
- Sie können die Orientierung über den Ablauf der Präsentationsveranstaltung erleichtern, und
- sie können das inhaltliche Verständnis komplexer Inhalte unterstützen.

Zu den Vor- und Nachteilen von Teilnehmerunterlagen *während* der Präsentation sowie zu deren Gestaltung finden Sie ausführliche Hinweise im Kapitel 2.9: »Schriftliches Material für die TeilnehmerInnen«.

So, das mich jetzt fast erschlagen: seitenlange Hinweise zu so vielen verschiedenen Medien. Und was mache ich jetzt damit? Also, erst einmal eine Pause. Dann schaue ich mir die einzelnen Medien noch einmal an und überlege:
Was mache ich eigentlich anders, wenn ich die hier beschriebenen Medien einsetze und welche Erfahrungen mache ich damit?
Könnte ich von dem, was hier neu für mich ist, irgendwas in meiner nächsten Präsentation anwenden?
Und noch ein Gedanke: Welche von den hier beschriebenen Medien habe ich eigentlich noch nie eingesetzt – sollte ich aber ruhig einmal tun?

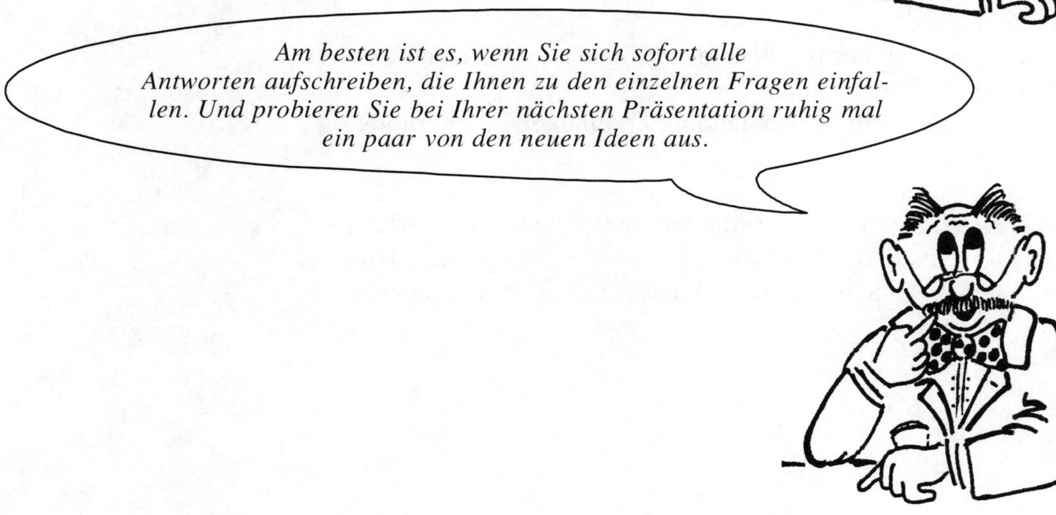
Am besten ist es, wenn Sie sich sofort alle Antworten aufschreiben, die Ihnen zu den einzelnen Fragen einfallen. Und probieren Sie bei Ihrer nächsten Präsentation ruhig mal ein paar von den neuen Ideen aus.

# 7. Lampenfieber, Rhetorik, Mimik, Gestik und Üben

In dem folgenden Kapitel geht es um *das sprachliche und nicht-sprachliche Verhalten in der Präsentation*, also
- um *Rhetorik*: »die Redekunst«,
- um *Mimik*: »das Mienenspiel« und
- um *Gestik*: den »Gebrauch von Gesten und Gebärden«.

Dieses Kapitel ersetzt natürlich nicht ein längeres Training und eine ausführliche Beschäftigung mit Rhetorik. Es gibt dazu empfehlenswerte Bücher, von denen einige im kommentierten Literaturverzeichnis vorgestellt werden. Und es gibt empfehlenswerte Seminare zu Rhetorik (Vortragstechnik, Argumentationstraining) und Sprechbildung (Modulation der Stimme, Atemtechnik, Artikulation). Hier wollen wir nur die Hinweise zu Rhetorik, Mimik und Gestik geben, die sich direkt auf Präsentation beziehen. Dazu gehören auch das *Lampenfieber* und das *Üben* Ihrer Präsentation.

## 7.1 »Hab' Flugzeuge in meinem Bauch...«: Lampenfieber

Der Musiker Herbert Grönemeyer hat ein schönes Bild gefunden: »Flugzeuge in meinem Bauch...«. Vielen dürfte dieser Zustand, dürfte »Lampenfieber« bekannt sein. Bei einigen sind es kleine Modellflugzeuge, die dort »im Bauch rumoren«, bei anderen dagegen ganze Jumboflotten. Einige spüren vielleicht nur eine leichte Spannung, »bevor es losgeht«; andere haben das Gefühl, schweißgebadet nach vorne gehen zu müssen. Die Ausprägungen unterscheiden sich. Die Ursache ist aber immer gleich.

## *Was ist das eigentlich, Lampenfieber?*

Bei Lampenfieber handelt es sich um ein instinktives Reaktionsmuster, das seinen Ursprung in der Frühgeschichte der menschlichen Entwicklung hat: Wenn der Mensch in eine Gefahrensituation geriet, z.B. einem Säbelzahntiger begegnete, mobilisierte sein Organismus lebensrettende Energie. Energie, die er benötigte, um fliehen oder kämpfen zu können. Das hat sich auch bis heute nicht geändert. In Situationen, die uns unsicher oder risikoreich erscheinen, produziert der Körper immer noch sehr viel Energie, um aktiv (kämpfen oder fliehen) werden zu können. Unsere Säbelzahntiger sind heute Personen und Situationen der unterschiedlichsten Art. Und die Reaktionsmuster auf Gefahrensituationen haben sich vervielfältigt: Wegrennen und Zuschlagen bilden nur noch die Ausnahme. Wenn wir heute in eine Risikosituation geraten, eine Situation, die uns Angst macht, und das ist für sehr viele Menschen eine Präsentation, dann sind Flucht und Kampf keine angemessenen Reaktionsmöglichkeiten mehr. Gefragt sind z.B. »ein kühler Kopf« und überlegte, abgewogene Handlungen. Oder: »Ruhe bewahren«. Auf derartige Reaktionen in gefährliche Situationen hat sich der menschliche Organismus bisher noch nicht in ausreichendem Maße eingestellt. Im Gegenteil, in dem Augenblick, wo wir uns »der Gefahr bewußt werden«, produziert er – wie in alten Tagen – Energie, die auf Betätigung aus ist: das Herz schlägt heftiger, wir spüren unseren Puls...

Nun besteht zwischen den Gefahrensituationen »Säbelzahntiger« und »Präsentation« ein kleiner Unterschied: Vor anderen Menschen stehen, zu ihnen sprechen, oder sich darstellen, bedeutet nicht auch immer »Gefahr und großes Risiko«. Die weite Verbreitung und häufige Erwähnung des Phänomens Lampenfieber deutet aber darauf hin, daß sehr viele Menschen damit zu tun haben.

Um es provokativ zu sagen: Lampenfieber haben alle, die präsentieren. Mal mehr, mal weniger. Dies gilt für Menschen in der Politik, in der Wirtschaft, für die Autoren dieses Buches, und sicher auch für viele unserer Leser und Leserinnen.

Lampenfieber kennen aber auch die TeilnehmerInnen Ihrer Präsentation. Und weil das so ist, werden diese im Grunde genommen »auf Ihrer Seite sein«. Beim Lampenfieber haben Sie also Verbündete. Konkret heißt das, daß Ihnen »Schnitzer« durchaus »verziehen« werden. Wenn diese überhaupt bewußt wahrgenommen werden. Und das ist recht selten der Fall. Denn die meisten »Ausrutscher« nehmen nur Sie selbst wahr. Ihrem Publikum fällt in der Regel gar nicht auf, daß Sie sich versprechen, daß Sie etwas zittern, daß Sie um das »Verbleiben Ihrer Stimme kämpfen«. Lampenfieber ist eine sehr normale Angelegenheit, und es beruhigt vielleicht ein wenig, das zu wissen.

## *Wie kommen die Flugzeuge aus dem Bauch?*

Lampenfieber hat also etwas mit Angst zu tun, und zur Bekämpfung dieser Angst gibt es manche Programme, gelegentlich den einen oder anderen nützlichen Trick. Für eine intensive Beschäftigung verweisen wir auch hier zunächst auf unsere Empfehlungen im kommentierten Literaturverzeichnis.

Sie können aber trotzdem weiterlesen. Wir stellen Ihnen zwei Möglichkeiten vor, im Rahmen von Präsentationen auf das Entstehen von Lampenfieber zu reagieren. Und wir meinen, daß die Befolgung unserer Hinweise dafür sorgen wird, daß sich die Zahl der Flugzeuge in Ihrem Bauch drastisch verringert.

### *»Je besser die Vorbereitung Ihrer Präsentation, desto geringer das Lampenfieber«*

Hinter dieser – etwas zugespitzt formulierten – These verbirgt sich die Erfahrung, daß Sie auf Ihr Publikum viel »Sicherheit und Ruhe ausstrahlen« und selbst mehr innere Sicherheit verspüren, wenn Sie sich umfassend und sorgfältig vorbereitet haben, denn...

... *Sie haben Ihr Präsentationsziel schriftlich ausformuliert und für jedermann offen in einem Zielsatz sowie im Schlußappell genannt;*
Sie können Ihrem Publikum mit einem »ruhigen Gewissen« gegenübertreten. Sie spielen mit »offenen Karten«.

... *Sie haben Ihre Inhalte teilnehmerbezogen ausgewählt und aufbereitet;*
Sie reden also nicht an ihrem Publikum vorbei, weil Sie die »Sprache« Ihrer TeilnehmerInnen sprechen und Ihre Präsentation an deren Vorwissen und Interessen orientiert haben.

... *Sie haben eine klare Gliederung erstellt und den Ablauf der Veranstaltung sorgfältig vorbereitet;*
Sie wissen also, was genau Sie präsentieren. Es gibt keine Lükken oder Längen.

... *Sie haben Ihre Visualisierungen teilnehmerbezogen und spannend gestaltet,*
Sie wissen also, daß Ihre gut gestalteten Visualisierungen verständlich und auflockernd wirken.

... *Sie haben ein sorgfältig gestaltetes Stichwort-Manuskript vorbereitet;*
Sie verfügen also über eine »sichere« Unterlage, auf die Sie sich zu jeder Zeit während der Präsentation verlassen.

... *Sie haben den Anfang und den Schluß Ihrer Präsentation wörtlich ausformuliert;*
Sie können am Anfang und am Ende Ihrer Präsentation nichts vergessen oder sich »verhaspeln«. Ihre Präsentation beginnt sicher und flüssig.

... *Sie haben die technische Ausstattung und die Räumlichkeiten überprüft;*
Es gibt mit Sicherheit keine technischen Pannen.

... *Sie haben Ihre Präsentation vorher mindestens einmal geübt.*
Sie haben also die meisten der möglichen »Pannen« schon einmal erlebt und natürlich auch die Zeit gewaltig überzogen.

... *Sie haben sich ausführlich auf die Fragen und die Diskussion im Anschluß an die Präsentation vorbereitet;*
Sie wissen also, daß Sie auf viel vorbereitet sind und daß Ihnen nur noch wenig Überraschendes begegnet.

Wir meinen, daß eine derart sorgfältig vorbereitete Präsentation die wichtigste Maßnahme gegen Lampenfieber darstellt. Ihre Vorbereitung führt dazu, daß weniger unbekannt ist, und dieses Gefühl läßt auch Ihre Anspannung sinken. Was kann dann noch schiefgehen?

*Was aber, wenn immer noch Lampenfieber da ist?*

Reicht Ihre gute Vorbereitung nicht aus, das Lampenfieber ganz »einzudämmen«: dann prüfen Sie einmal, wieviel Lampenfieber Sie für sich akzeptieren können. Das Lampenfieber ganz eindämmen ist wahrscheinlich auch gar nicht angebracht. Denn ein wenig Lampenfieber bedeutet auch ein wenig Spannung, und die ist sogar notwendig, damit Sie herausgefordert und wach präsentieren.

Ein Schaubild, das den Zusammenhang zwischen Anspannung und Leistungsfähigkeit darstellt, macht dies unmittelbar deutlich:

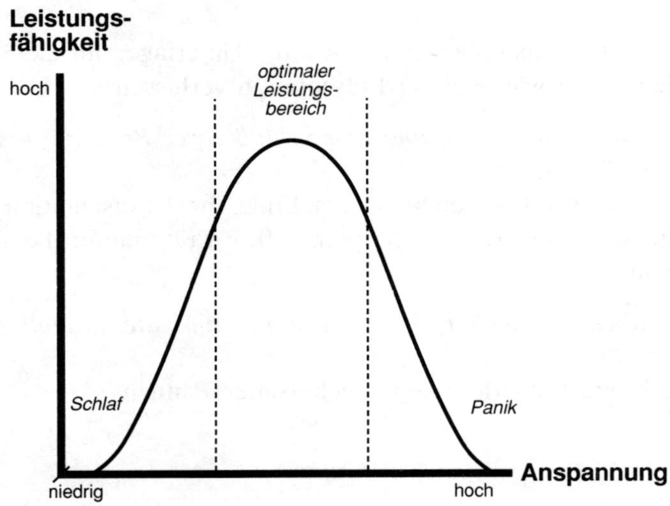

Ihre optimale Leistung bringen Sie bei mittlerer Anspannung. Überlegen Sie einmal, wie die Anspannung aussieht, bei der *Sie* sich am »wohlsten« fühlen und besonders engagiert, konzentriert und dennoch locker agieren können.

*Davon habe ich gehört. Von besonders guten Schauspielern und Schauspielerinnen ist bekannt, daß sie auch deshalb so großartig sind, weil sie bis zum Schluß noch etwas Lampenfieber spüren.*

*»Praxis macht den Meister.«*

Eine weitere ebenso wichtige »Maßnahme gegen Lampenfieber« besteht in der *praktischen Übung*. Je häufiger Sie präsentieren oder vor anderen auftreten, umso häufiger erleben Sie, daß es trotz Lampenfieber klappt. Und wichtiger: Sie erfahren, was Sie tun müssen und können, damit es weiter gut abläuft. Sie werden sicherer, und irgendwann kann Sie »so leicht nichts mehr aus der (Präsentations-) Ruhe bringen«.

## 7.2 Rhetorik

Viele Menschen denken bei dem Wort »Rhetorik« an »überzeugende Schlagfertigkeit«, »gekonnte Manipulation«, »andere unter den Tisch reden können« oder »reden können wie ein Politiker«.

In einer Präsentation sind derartige »Qualitäten« jedoch nicht gefragt. Sie sind unserer Meinung nach sogar schädlich für einen langfristigen Erfolg Ihrer Präsentation.

Rhetorik bedeutet bei Präsentationen zum einen, daß Sie *verständlich und sicher sprechen*. Ihre TeilnehmerInnen müssen das, was Sie sagen, verstehen können.

Zum anderen sollten Sie mit einer *»lebendigen Sprache«* sprechen, also so, daß man Ihnen mit Spannung folgt.

Hinweise für die *Vorbereitung* Ihrer Präsentation:

- Erstellen Sie ein Stichwort-Manuskript, mit dem Sie sicher vortragen können.
- Markieren Sie auf diesem Manuskript die Stellen, an denen Sie eine kurze Redepause (3–4 Sekunden) machen. Diese Redepausen sollten Sie besonders nach inhaltlichen Abschnitten, nach einem Themenwechsel oder nach dem Zeigen von Visualisierungen einplanen. Denken Sie daran, daß – im Gegensatz zu Ihnen – Ihr Publikum die kleinen Pausen braucht, um das Gesagte und Gezeigte verarbeiten zu können. Ihr Publikum wird Ihnen für diese Pausen dankbar sein.
- Vermeiden Sie Fremdwörter, deren Aussprache Ihnen Schwierigkeiten bereitet (Fremdwörter und Fachbegriffe, die Ihr Publikum nicht verstehen könnte, sollten in Ihrer Präsentation nur mit besonderer Erklärung einen Platz finden).

Wichtig ist es, daß Sie die Präsentation *ganz üben* und dabei auch Ihre Rhetorik verbessern:

- Nehmen Sie eine Fassung auf Tonkassette auf. Hören Sie sich diese Kassette an und notieren Sie sich die Stellen, die Sie noch verbessern wollen. Achten Sie dabei vor allem auf stereotype Redewendungen wie »zum Beispiel«, »und so weiter«, »sozusagen«, »gewissermaßen«. Aber auch auf »Füllaute«, wie »äh«, »mhm« etc. Derartige Wendungen und Laute tauchen zu jeder passenden und unpassenden Stelle auf. Sie überbrücken Pausen, sollen Betonungen ersetzen, Unsicherheit verdecken. Sie fallen Ihrem Publikum mit Sicherheit auf. Und wenn Sie Pech haben, dann zählt Ihr Publikum mit, wie oft Sie eine Wendung benutzen oder wie häufig Sie ein »äh« einsetzen; Ihr Publikum »zählt Sie aus«. Machen Sie sich diese Redewendungen bewußt. Suchen Sie sich im nächsten Schritt andere Worte und benutzen Sie diese im »bunten Wechsel«. Dort wo Ihre Redewendungen lediglich

als »Pausenfüller« vorkommen, lassen Sie sie weg und holen stattdessen lieber einmal tief Luft.
- Halten Sie die Präsentation vor einem Publikum. Lassen Sie sich dabei ausführliche Rückmeldungen auch zu Ihrer »Redekunst« geben.
- Wenn Sie vor einer besonders wichtigen Präsentation stehen, proben Sie diese möglichst einmal in dem Raum, in dem die Veranstaltung stattfinden wird. Passen Sie dabei Ihre Stimme den besonderen räumlichen Gegebenheiten an.

Präsentieren Sie möglichst häufig in der *Praxis*. Bitten Sie dabei TeilnehmerInnen, die Sie gut kennen, um eine möglichst offene und ausführliche Rückmeldung zu Ihrer Rhetorik. Dadurch bekommen Sie nützliche Hinweise darüber, wie Ihr Sprachverhalten in der »Ernstsituation« wirkt.

Einige der wichtigsten Hinweise, auf die Sie *während* Ihrer Präsentation achten sollten:

- Sprechen Sie in einer Lautstärke, in der Sie von allen Anwesenden gut verstanden werden können.
- Sprechen Sie klar und deutlich und achten Sie dabei besonders auf die Endungen.
- Verändern Sie Ihre Redegeschwindigkeit, wechseln Sie zwischen schnell (bei Hintergrundinformationen) und langsam (bei Kernaussagen).
- Sprechen Sie hochdeutsch. Es ist andererseits unproblematisch, wenn Ihre Stimme »dialektgefärbt« ist, also z.B. einen rheinischen, schwäbischen oder sächsischen Klang hat. Im Gegenteil, das kann Ihrem Auftreten manchmal sogar einen »interessanten Anstrich« geben. Auf keinen Fall jedoch sollte Dialekt zu Verständigungsproblemen führen.
- Sprechen Sie kurze Sätze aus Haupt- und einem Nebensatz. Vermeiden Sie also »Satzungetüme« mit mehreren Nebensätzen. Solche komplizierten Gebilde entstehen oft beim Schreiben des Manuskripts. Achten Sie darauf und tragen Sie keinesfalls den Text Ihres Manuskripts wörtlich vor.

## 7.3 Mimik und Gestik

Mimik und Gestik unterstützen Ihre Rede. Sie können sie bewußt einsetzen,

- um Aussagen auch durch Ihre »nonverbale Kommunikation«, also durch Ihre Körpersprache, zu unterstreichen, und
- um Ihrem Publikum Wertschätzung entgegenzubringen.

Nutzen Sie dazu die Ausdrucksformen, die Sie spontan auch in Ihrem Alltag anwenden. Seien Sie zurückhaltend, wenn es um die Aneignung neuer Gesten geht, die Sie erst noch integrieren müssen. Es fällt auf, wenn etwas »nicht zu Ihnen gehört«. Sie wirken künstlich und im schlimmsten Fall »linkisch«. Bleiben Sie also bei Ihren Möglichkeiten und versuchen Sie, diese im Laufe Ihrer Übungen und Praxis später zu verstärken.

*Hinweise*, auf die Sie während Ihrer Präsentation auf jeden Fall achten sollten:

- Halten Sie zu den Anwesenden immer wieder Blickkontakt. Schauen Sie einzelne TeilnehmerInnen auch mal direkt an. Gestalten Sie Ihre Präsentation dadurch zu einem »Dialog«, indem Sie viele kleine Blickkontaktdialoge führen. Sie reden also nicht *an* Ihr Publikum, sondern direkt *zu* den einzelnen in diesem Publikum.
- Lächeln Sie. Versuchen Sie, einen freundlichen und offenen Gesichtsausdruck zu zeigen. (Übrigens, in einem lächelnden Gesicht sind nur ein Drittel der Muskel angespannt wie in einem ernsten oder gar grimmigen.)
- Wenden Sie sich Ihrem Publikum mit Ihrer Körperhaltung zu. Zeigen Sie einzelnen – besonders wenn Sie Fragen und Diskussionsbeiträgen zuhören – nicht die »kalte Schulter«.
- Setzen Sie Gesten möglichst nur im Bereich zwischen Hüften und Schultern ein.
- Verstecken Sie Ihre Hände nicht permanent in den Hosen- oder Rocktaschen oder auf dem Rücken. Unterstützen Sie wichtige

Aussagen lieber mit kleinen unterstreichenden Handbewegungen.

*Beim Stichwort »Blickkontakt« fällt mir noch ein kleiner, aber ganz wichtiger Tip ein, wie ich während der Präsentation meine Aufregung etwas dämpfen kann: Ich suche mir zu Beginn meines Auftritts einen »Blickanker«. Das ist jemand aus dem Publikum, der oder die mir sympathisch ist oder einfach nur lächelt oder sehr interessiert und aufmerksam zuhört. Also jemand, der oder die mir ein gutes Gefühl vermittelt. Während ich rede, wandert mein Blick immer wieder zu diesem Blickanker und »tankt« dort etwas Sicherheit, oder auch nur das Gefühl, daß wenigsten einer oder eine mir aufmerksam zuhört. So werde ich insgesamt etwas ruhiger und sicherer.*

Auch für Ihre Mimik und Gestik gilt das Vorhergesagte: Üben Sie und lassen Sie sich von Ihrem Publikum Rückmeldungen geben. So erfahren Sie am besten, wie Ihr Mimik und Gestik *auf andere wirkt*.

Sie können Ihren Auftritt auf Video aufzeichnen und sich dann selbst beobachten. Viel von dem, was Ihnen während Ihrer Präsentation unangenehm war oder mißlungen schien, werden Sie erfahrungsgemäß jetzt als relativ unproblematisch erleben.

## 7.4 Üben, üben...

In diesem Kapitel war häufig vom Üben Ihrer Präsentation die Rede: Das ist die beste Möglichkeit, Selbstsicherheit und Ruhe für die eigentliche Präsentation zu gewinnen.

Dazu weitere Hinweise:

– Üben Sie mindestens einmal. Besser sind natürlich zwei Proben oder sogar drei. Machen Sie die Zahl Ihrer Proben davon abhängig, wie wichtig diese Präsentation für Sie ist. Und natürlich auch, wieviel Zeit Sie zum Üben haben. Jede dieser Proben wird etwas anders aussehen. Für Sie bedeutet dies, daß Sie mit jedem Mal etwas souveräner mit dem Thema umgehen werden.

- Halten Sie bei mindestens einer Probe die gesamte Präsentation vom Anfang bis zum Ende. Erfahrungsgemäß läßt besonders am Ende die Aufmerksamkeit für eine sorgfältige Gestaltung nach, ähnlich wie bei einem Trainingslauf, bei dem die LäuferInnen auf den letzten Metern der Strecke langsamer werden und auslaufen. Am häufigsten sollten Sie Anfang und Schluß Ihrer Präsentation üben.
- Setzen Sie bei Ihren Proben auch die Medien ein. So gewinnen Sie Sicherheit im Umgang und überprüfen gleichzeitig, wie Ihre mündliche Rede mit den Visualisierungen zusammenstimmt.
- Nehmen Sie bei jeder Probe genau Zeit. Nur so können Sie Ihre Präsentation auf die zeitliche Länge bringen, die Ihnen zur Verfügung steht.
- Halten Sie möglichst eine der Proben vor einem Publikum ab.
- Sollte es Ihnen nicht möglich sein, vor einem Publikum zu üben, nehmen Sie Ihre Präsentation auf Tonkassette oder Video auf.

# 8. Die Gestaltung optimaler Rahmenbedingungen für Ihre Präsentation

Das kennen Sie schon:

Wenn Sie die TeilnehmerInnen nicht mögen, wählen Sie für Ihre Präsentation einen (zu) kleinen und dunklen Raum und unbequeme Stühle. Sorgen Sie für extreme Temperaturen in ungelüfteter Umgebung. Die Veranstaltung sollte möglichst direkt im Anschluß an ein opulentes Mittagessen stattfinden, natürlich unter Verzicht auf den wachhaltenden Kaffee.

Da Sie sich aber während Ihrer Vorbereitung entschlossen haben, Ihrem Publikum Wertschätzung entgegenzubringen, werden Sie sich auch um die Gestaltung angenehmer Rahmenbedingungen kümmern. Dazu gehören z.B. der zeitliche Ablauf der Veranstaltung und der Ort der Präsentation, der Raum und seine Einrichtung.

In vielen Fällen ist das mit der Verantwortung für die Rahmenbedingungen so eine Sache. Nämlich dann, wenn Zeit und Ort Ihrer Präsentation vorgegeben sind: »Die Veranstaltung findet am ..., um ..., in Raum ... statt.« Unabhängig davon, ob Sie noch Veränderungen vornehmen wollen und können, müssen Sie sich aber schon während der Vorbereitung Ihrer Präsentation umfassend über den Zeitrahmen und den Raum samt Ausstattung und technischen Möglichkeiten informieren. Sie können dazu eine »Ortsbegehung« vornehmen oder die Informationen telefonisch einholen. Nutzen Sie dabei die in diesem Kapitel angebotenen Hinweise.

## 8.1 Die zeitlichen Rahmenbedingungen

*An welchem Tag soll die Präsentation stattfinden?* Ungünstig ist der erste Tag nach den Ferien, aber auch der letzte Arbeitstag davor.

Günstig ist jeder Tag, an dem Ihre TeilnehmerInnen ohne größere Belastungen – z.B. die Anwesenheit der Steuerprüfung, der drängende Jahresabschluß, das Endspiel der Fußballweltmeisterschaft – aufmerksam anwesend sein können.

Um wieviel Uhr soll es losgehen? Ungünstig ist die Zeit direkt nach der Mittagspause, dann beginnt bei vielen der Verdauungsprozeß, und der lenkt von Ihrer Präsentation ab. Als günstiger Zeitpunkt für eine Präsentation hat sich der Vormittag herausgestellt, nachdem die TeilnehmerInnen sicher durch den Berufsverkehr gekommen sind, ihre Post bearbeitet und erste wichtige Telefonate erledigt haben.

Aber wie schon erwähnt, oft haben Sie keine Wahlmöglichkeiten und müssen vielleicht an einem Freitag den 13. um 13.00 Uhr mit 13 TeilnehmerInnen beginnen. Dann liegt es an Ihnen, Ihrem Thema und dessen Aufbereitung, das Publikum auch zu diesem Zeitpunkt zu interessieren.

## 8.2 Der zeitliche Ablauf der Präsentationsveranstaltung

Unabhängig davon, wann die Präsentation stattfindet, müssen Sie den *zeitlichen Ablauf* der gesamten Veranstaltung planen. Beginnen Sie damit schon während Ihrer eigentlichen Präsentationsvorbereitung. So bekommen Sie eine realistische Vorstellung davon, wieviel Zeit Sie für die von Ihnen gestaltete Vortragsphase zur Verfügung haben.

Außerdem müssen Sie noch Zeit einplanen für:
- die erste Begrüßung, das Händeschütteln, den »small-talk«;
- eventuelle Pausen, vielleicht zwischen Ihrer Präsentation und der anschließenden Frage- und Diskussionsrunde;
- die Frage- und Diskussionsrunde selbst;
- das Austeilen von Unterlagen;
- die Verabschiedung Ihres Publikums.

Besonders wichtig dabei ist die Zeit für Fragen und Diskussionsbeiträge. Sie sollte im Prinzip mindestens so lang sein, wie die eigentliche Präsentation.

In »unserem Beispiel« könnte eine Zeitplanung für die Präsentation vor den AbteilungsleiterInnen folgendermaßen aussehen:
Auf Nachfragen hat Ihnen Ihr Chef oder Ihre Chefin erklärt: »Die Sitzung wird den ganzen Vormittag dauern. Kurz vor 10.00 gibt es Kaffee. Ich habe den Tagesordnungspunkt ›überarbeitete Werbekampagne‹ auf 10.00 Uhr gelegt und dafür eine Stunde vorgesehen. Sie beginnen mit Ihrer Präsentation am besten gleich im Anschluß an diese kleine Kaffeepause.«
Und so sieht Ihre Zeitplanung aus:
Auf eine Begrüßung der TeilnehmerInnen können Sie verzichten, da Sie während der gesamten Sitzung dabei sind und spätestens in der Kaffeepause die Ihnen noch unbekannten Gesichter begrüßen können. Ihr Chef oder Ihre Chefin wird aber vor Ihrer Präsentation ein paar einleitende Worte sprechen. Diese Erfahrung haben Sie schon häufig gemacht. Deshalb reservieren Sie dafür *5 Min.*
Nachdem Sie die Vorgeschichte kennen und mit einigen AbteilungsleiterInnen über deren Erwartungen an diese Präsentation gesprochen haben, rechnen Sie mit einer lebhaften Diskussion. Für die Beantwortung von Fragen und für diese Diskussion reservieren Sie *30 Min.*
Da Sie »für alle Fälle« noch einen kleinen Zeitpuffer von *5 Min.* reservieren wollen, bleiben Ihnen für Ihre eigentliche Präsentation genau *20 Min.*
Das Verteilen von Unterlagen entfällt, denn Sie planen, die Kurzfassung Ihrer Präsentation am folgenden Tag mit der Hauspost zu verschicken. Auch für die Verabschiedung brauchen Sie keine Zeit einzuplanen: nach Ihnen soll noch ein weiterer Tagesordnungspunkt aufgerufen werden, und Sie wollen mit einigen TeilnehmerInnen gemeinsam zu Mittag essen.

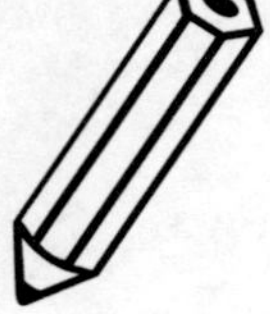

## 8.3 Die räumlichen Rahmenbedingungen

Wählen Sie einen Raum für Ihre Veranstaltung und richten Sie diesen so her, daß sich Ihr Publikum darin wohl fühlt. Aber auch wenn Sie auf die Auswahl und Gestaltung keinen Einfluß ausüben können, schauen Sie sich den Raum vorher an und prüfen Sie die technischen Möglichkeiten, damit Sie während Ihrer Präsentation nicht unangenehm überrascht werden.

Wir haben eine ganze Reihe von Fragen zusammengestellt, aus denen Sie sich Anregungen für Ihr eigenes Vorgehen holen können:

*Standort*:
- Ist der Raum für alle TeilnehmerInnen gut zu erreichen (evtl Hinweisschilder aushängen)?

*Größe*:
- Finden alle TeilnehmerInnen einen Sitzplatz?

*Sicht:*
- Können Sie während der Präsentation zu allen Anwesenden guten Blickkontakt aufnehmen?
- Haben alle TeilnehmerInnen gute Sicht auf alle Medien (Leinwand, Flipchart etc.)?
- Lassen sich Ihre Visualisierungen (auf Folien, Flipchartbögen etc.) auch von den hintersten Sitzplätzen aus erkennen?

*Raumakustik*:
- Sind Sie auf allen Plätzen im Raum gut zu hören?
- Gibt es äußere Störgeräusche (z.B. Baulärm), und wie können sie vermindert werden?
- Gibt es Störmöglichkeiten innerhalb des Raumes (z.B. Telefon), und wie können sie abgestellt werden?

*Beleuchtung/Verdunkelung*:
- Ist die Beleuchtung ausreichend?
- Wo liegen die Schalter und die Sicherungen?

- Wie läßt sich der Raum verdunkeln?
- Läßt sich durch Vorhänge oder Jalousien Sonneneinstrahlung abhalten?

*Medien*:
- Sind die benötigten Medien vorhanden und funktionstüchtig? (Verlängerungskabel!)
- Lassen sich kurzfristig Ersatzteile (Ersatz-Glühbirne, Mehrfachstecker etc.) beschaffen?
- Wer hilft bei Bedienungsproblemen und Störungen? Wie kann diese Person schnell benachrichtigt werden?

*Steckdosen*:
- Wo liegen die Steckdosen und die Sicherungen?

*Raumklima*:
- Läßt sich ein angenehmes Raumklima herstellen?
- Wie funktionieren Heizung, Lüftung, Klimaanlage?
- Wie lassen sich die Fenster öffnen?

*Getränke*:
- Ist die Getränkeversorgung für alle Anwesenden gesichert?

*Garderobe*:
- Gibt es eine Garderobe, und ist sie ausreichend?

## 8.4 Die Sitzordnung

Eine gute Sitzordnung liegt dann vor, wenn
- alle TeilnehmerInnen ausreichende Sicht auf die Medien haben,
- die Visualisierungen auch von den hintersten Plätzen aus gut erkennbar sind,
- Sie zu möglichst allen TeilnehmerInnen ungehinderten Blickkontakt haben,

– Ihre TeilnehmerInnen nahe genug sitzen, um Ihre Mimik zu erkennen und
– die TeilnehmerInnen sich untereinander sehen können.

Besonders der letzte Punkt dieser Aufzählung läßt sich nicht immer realisieren. In den Fällen jedoch, in denen Sie die Sitzordnung gestalten können, empfiehlt sich die *U-Form.*

# 9. Besonderheiten einer Gruppenpräsentation

In einer Team- oder Gruppenpräsentation wirken Sie mit anderen zusammen. Einzelne Gruppenmitglieder übernehmen dabei einen bestimmten Abschnitt der Präsentation und tragen zu deren Vielfalt, Lebendigkeit und Farbigkeit bei.

Gruppenpräsentationen können *notwendig* sein, wenn Teile der Präsentation nicht zu Ihrem Fachgebiet gehören. Notwendig kann eine Gruppenpräsentation auch dann werden, wenn aus »firmenpolitischen Gründen« Vorgesetzte oder bestimmte Fachleute an Ihrer Präsentation mitwirken sollen.

Die Durchführung einer Präsentation als Gruppenpräsentation ist darüber hinaus *sinnvoll*, wenn sie länger dauern muß (ab 30 Min.). Unterschiedliche Gesichter und Stimmen sorgen dann für Abwechslung und Spannung.

Die Anzahl der präsentierenden Teammitglieder richtet sich nach

- der Gesamtlänge der Präsentation: je kürzer, desto geringer die Anzahl der Präsentierenden;
- der Länge der einzelnen Beiträge: mindestens 3 – 4 Min. pro Gruppenmitglied oder ein inhaltlich abgeschlossener Abschnitt;
- der Größe des Publikums: fünf TeilnehmerInnen würden von fünf Präsentierenden »erdrückt«.

Die Größe Ihrer Gruppe hängt natürlich auch davon ab, ob es Ihnen gelingt, »geeignete Mitpräsentierende« zu finden. Versuchen Sie daher, bereits bei der *Auswahl der Gruppenmitglieder* beteiligt zu sein:

- Können Sie sich vorstellen, mit einem bestimmten Kollegen oder einer Kollegin zusammen zu arbeiten und zu präsentieren?

- Hat das zukünftige Gruppenmitglied ein persönliches Interesse an der Mitarbeit?
- Verfügt er oder sie Ihrer Meinung nach über ausreichende inhaltliche Kompetenz, rhetorische Fähigkeiten und eine gute Selbstdarstellung?

Vorbereitung und Durchführung Ihrer Gruppenpräsentation unterscheiden sich nicht wesentlich von der einer Einzelpräsentation. Soweit gilt alles in diesem Buch Geschriebene auch für eine Gruppenpräsentation. Einige Besonderheiten gilt es jedoch zu beachten:

## 9.1 Vorbereitung einer Gruppenpräsentation

- Versuchen Sie, die Vorbereitung möglichst von Anfang an *gemeinsam* mit allen Gruppenmitgliedern zu gestalten. Das schließt die arbeitsteilige Aufteilung einzelner Aufgaben ein. Die Ergebnisse müssen anschließend wieder zusammengetragen werden. Jedes Mitglied sollte am Ende der Vorbereitung über alle konkrete Ziele und alle Inhalte der Präsentation informiert sein.
- Planen Sie gemeinsam die *Aufgabenverteilung* für die Präsentation und deren genauen *Ablauf*. Wer präsentiert an welcher Stelle welche Inhalte? Erstellen Sie ein »Drehbuch«, das mit allen Gruppenmitglieder abgestimmt und damit verbindlich ist.
  Besprechen sie gemeinsam mit allen Gruppenmitgliedern, welche Aufgaben und späteren Ausführungsteile diese *gerne* übernehmen wollen. Kriterien dafür könnten sein: Fachkenntnis, Arbeitsschwerpunkt, Themengebiete mit »viel Herzblut« etc. Wer ein Thema nach eigenen Stärken und Interessen gefunden hat, bietet in der Präsentation ausreichende Gewähr dafür, gerade auch auf der Selbstaussagenseite überzeugend zu wirken.
- *Üben* Sie die Präsentation. Die Erfahrung zeigt, daß die Teile einer Gruppenpräsentation, bei denen die Präsentierenden miteinander agieren (Überleitungen, Hilfestellungen bei der Medienbedienung etc.), aber auch die Darstellung kontroverser Meinungen

(Minderheitsvoten) besonders intensiv geprobt werden müssen, damit sie in der Praxis reibungslos ablaufen.

## 9.2 Durchführung einer Gruppenpräsentation

- Weisen Sie zu Beginn der Präsentation darauf hin, daß es sich um eine Gruppenpräsentation handelt. Stellen Sie sämtliche Präsentierende persönlich vor. Wenn es die Zeit zuläßt und die präsentierten Inhalte umfangreich genug sind, sollten die einzelnen Gruppenmitglieder am Anfang der eigenen »Auftritte« mit wenigen Sätzen ihre berufliche Tätigkeit ansprechen und dabei auch auf ihre Kompetenzen entsprechend den Inhalten, die sie präsentieren, hinweisen.
  In manchen Fällen haben mehr Gruppenmitglieder an der Erstellung der zu präsentierenden Ergebnisse mitgewirkt als letztlich präsentieren. Stellen Sie zu Beginn der Präsentation erst die gesamte Arbeitsgruppe vor und dann diejenigen, die die Präsentation gestalten werden.
- Weisen Sie bei der Vorstellung des Präsentationsablaufs schon darauf hin, welches Gruppenmitglied welche inhaltlichen Teile präsentiert. Kennzeichnen Sie das auf Ihrer Visualisierung des Präsentationsablaufs. Sie erleichtern damit Ihrem Publikum die Orientierung während der Veranstaltung.
- Wenn Sie mit Ihrem Teil fertig sind, *übergeben* Sie mit wenigen Worten an das folgende Gruppenmitglied. So in unserem Beispiel mit: »Ich habe Ihnen bis hierher die grundlegenden Anforderungen an ein Marketingkonzept dargestellt. Herr/Frau ... wird jetzt auf deren Umsetzung in unser überarbeitetes Konzept eingehen.«
  Oder: »Soweit die grundlegenden Anforderungen an ein Marketingkonzept. (und mit einem freundlichen, auffordernden Lächeln:) Herr/Frau ... bitte!« Das Ihnen folgende Gruppenmitglied kann dann die *Übernahme* inhaltlich so gestalten: »Nachdem Sie jetzt die grundlegenden Anforderungen an ein Marketingkonzept kennengelernt haben, möchte ich auf deren Umsetzung ...«

Wichtig ist hierbei, daß ein Rückbezug und ein Vorwegbezug einen »sauberen« Übergang ermöglichen. Die ausdrückliche Verknüpfung von alten und neuen Kettengliedern wirkt geplant. Es läuft dann »wie geschmiert«.

- Bei sehr langen (mehrere Stunden dauernden) Präsentationen mit vielen Präsentierenden besteht die Möglichkeit, jemanden ausschließlich die Einleitung in die Präsentation, sämtliche Übergänge und den Schluß gestalten zu lassen.
- Halten Sie Blickkontakt innerhalb Ihrer Gruppe. So können Sie sich untereinander verständigen, z.B. wenn Sie Hilfe brauchen oder Fragen aus dem Publikum weitergeben wollen. Und sollte das ganze Publikum gegen Sie sein (die absolute Ausnahme), so sind es zumindest Ihre Gruppenmitglieder, die Sie freundlich und ermutigend anschauen.
- Planen Sie den Ablauf so, daß möglichst nur eine Person »im Rampenlicht« steht. Handeln mehrere gleichzeitig, so teilt sich die Aufmerksamkeit des Publikums. Dies gilt besonders in den Situationen, in denen z.B. ein Gruppenmitglied etwas demonstriert, während Sie darüber referieren. Das Publikum muß sich dann entscheiden, auf welche der beiden Handlungen es sich konzentrieren will. Dadurch kann es Ihren Ausführungen nicht

mehr ungeteilt folgen. Üben Sie derartige Auftritte, damit Demonstration und Rede abgestimmt aufeinander erfolgen und sich dadurch ergänzen.

Dies kann so aussehen, daß Sie in Ihrer Rede die Demonstration einführen und dann schweigen. Sie treten erst dann wieder in Aktion, wenn die Vorführung beendet ist. Machen Sie zwischen diesen Abschnitten kurze Pausen (zählen Sie dabei ruhig bis 10), damit sich Ihr Publikum auf den jeweiligen Szenenwechsel einstellen kann.

# 10. Checkliste: Vorbereitung einer vollständigen Präsentation

Die vorliegende *Checkliste zur Vorbereitung und Durchführung einer vollständigen Präsentation* verfolgt zwei Ziele:

– Sie dient als Zusammenfassung der wichtigsten in diesem Buch behandelten Schritte zur Vorbereitung und Durchführung einer zielgerichteten und adressatenorientierten Präsentation. Damit sollen Ihnen als Leser und Leserinnen dieses Buches noch einmal die Kernaussagen in Erinnerung gebracht werden, mit der Idee, daß Sie diese in Ihrer Präsentationspraxis berücksichtigen werden.
– Die nachstehende Checkliste soll allen denjenigen als Arbeitshilfe bei der Vorbereitung und Durchführung ihrer Präsentation dienen, die das Buch zwar gelesen, die anstehende Präsentation aber erst einige Zeit danach halten werden. Sie müssen dann nicht wieder das ganze Buch durcharbeiten, sondern werden über die Checkliste an die wichtigsten Kernaussagen erinnert und brauchen nur noch an den Stellen nachlesen, die für ihre konkrete Präsentation besonders wichtig sind.

Zur Orientierung: die Definition von Präsentation ...

**Eine oder mehrere Personen stellen für eine Zielgruppe bestimmte Inhalte, also Sachaussagen oder Produkte dar. Ziel ist es, diese Zielgruppe zu informieren oder zu überzeugen. Die Darstellung wird unterstützt durch bildhafte Mittel. An sie schließt sich eine Fragerunde oder Diskussion an.**

## 1. Das Ziel Ihrer Präsentation

- Entscheiden Sie sich, ob Sie durch Ihre Präsentation *informieren* oder *überzeugen* wollen.

- Formulieren Sie so konkret wie möglich das Ziel Ihrer Präsentation. Halten Sie Ihren Zielsatz schriftlich fest.

- Überprüfen Sie, wie realistisch das Erreichen Ihres Ziels in der bevorstehenden Präsentation ist. Überarbeiten Sie gegebenenfalls Ihr Ziel.

## 2. Die Vorgeschichte Ihrer Präsentation

- Halten Sie stichwortartig fest, was aus der Vorgeschichte zu Ihrer Präsentation von Bedeutung ist. Überlegen Sie, was Sie selbst darüber wissen, und »ermitteln« Sie, wenn die Vorgeschichte im Dunkeln liegt.

- Prüfen Sie, was für Folgen diese Vorgeschichte hat:

  – für Ihr Präsentationsziel;
  – für Ihre Inhalte;
  – für die Beziehung zwischen Ihnen/ Ihrem Unternehmen/Ihrer Institution und dem Publikum;
  – für Ihre Selbstdarstellung;
  – für die Austauschphase.

- An welchen Stellen der Präsentation müssen Sie diese Vorgeschichte berücksichtigen?

## 3. Die Adressatenanalyse: »Für wen wollen Sie präsentieren?«

- Machen Sie sich mit Hilfe der Checkliste »SIE-Formel zur Adressatenanalyse« ein Bild von Ihrem Publikum.

  *Wer* sind Ihre TeilnehmerInnen, *was* erwarten sie von der Präsentation, und *wie* betroffen sind sie von dem, was in der Präsentation geschieht?

- »Ermitteln« Sie gegebenenfalls Informationen, die Ihnen noch fehlen.

## 4. Die Inhalte Ihrer Präsentation: Sammeln – Auswählen – Gewichten – Gestalten

- *Sammeln* Sie möglichst viele Informationen zum Thema Ihrer Präsentation. Ausgangsfrage dabei ist: »Was gehört im weitesten Sinne zur Präsentation?«

- *Wählen* Sie aus der Fülle des vorliegenden Materials die Inhalte *aus*, die Sie benötigen,

  – um Ihr konkretes Ziel zu erreichen;
  – um Ihr spezifisches Publikum anzusprechen;
  – um in der geplanten Zeit zu bleiben.

  Alle anderen Inhalte haben in Ihrer Präsentation keinen Platz.

- *Gewichten* Sie Ihre Inhalte nach Kernaussagen, also Informationen, die Sie in jedem Fall ansprechen müssen, um die konkreten Ziele zu erreichen und nach Hintergrundinformationen, also Informationen, die die Verständlichkeit der Kernaussagen erhöhen.

  Die Kernaussagen müssen in jedem Fall in Ihrer Präsentation erscheinen. Auf die Hintergrundinformationen können Sie unter Umständen (z.B. bei Zeitknappheit) verzichten.

- *Gestalten* Sie Ihre Kernaussagen und Hintergrundinformationen so,

  – daß die Reihenfolge beim Publikum ein optimales Verstehen oder eine wirksame Überzeugung ermöglicht;
  – daß die wichtigsten Aussagen und Argumente durch Visualisierungen unterstützt werden können.

## 5. Der Aufbau Ihrer Präsentation

- Einleitungsteil (ca. 15% der Präsentationszeit)

  – Begrüßung und namentliche Vorstellung
  – Überschrift der Präsentation, Inhalte, Ablauf (Visualisieren!)
  – Darstellung Ihrer Kompetenz zum Präsentationsthema
  – Zielsatz: Das konkrete Ziel der Präsentation

- Hauptteil (ca. 75% der Präsentationszeit)

  – Rahmeninformationen zur Präsentation
  – Ihre Aussagen und Argumente in der vorbereiteten Reihenfolge

- Schlußteil (ca. 10% der Präsentationszeit)

  – Zusammenfassung der wichtigsten Inhalte
  – Schlußappell: Aufforderung zum Handeln, zum Weiterdenken, zur Diskussion etc.

## 6. Das Präsentationsmanuskript

- Erstellen Sie für sich ein Stichwort-Manuskript, in dem Sie die Stichworte (Kernaussagen, wichtige Begründungen, Hintergrundinformationen etc.) notieren, mit denen Sie Ihre Präsentation in »freier Rede« halten können.

- Formulieren Sie in Ihrem Stichwort-Manuskript die Einleitung und den Schlußappell schriftlich aus, damit Sie zum einen einen »reibungslosen« Start haben und zum anderen am Ende einer – vielleicht anstrengenden – Präsentation alle wichtigen Punkte des Schlusses berücksichtigen.

- Notieren Sie in Ihr Manuskript Ihre persönlichen »Regieanweisungen« für die mündliche Rede (»Pause machen!!«) oder für den Umgang mit Medien (»Folie länger liegenlassen!«).

## 7. Die Partneraussage Ihrer Präsentation: Wertschätzung

- Während der Präsentation bringen Sie Ihrem Publikum Wertschätzung entgegen, indem Sie die Inhalte adressatenbezogen ausgewählt und gestaltet haben.

Sie haben noch weitere Möglichkeiten, Wertschätzung zu zeigen:

- Benutzen Sie für Ihre Präsentation die »Sie-Ansprache«, gehen Sie von der Perspektive Ihrer TeilnehmerInnen aus.

- Zeigen Sie durch Ihr gesamtes Verhalten (offene, freundliche Erscheinung), durch Sprache (klar und verständlich) sowie durch Blickkontakt und Körperhaltung Ihrem Publikum gegenüber Wertschätzung.

## 8. Die Selbstaussage in Ihrer Präsentation

- Formulieren Sie Ihren persönlichen Bezug zu den Inhalten der Präsentation (Was haben Sie ganz persönlich mit der Sache zu tun, die Sie präsentieren?). Erwähnen Sie diesen Bezug in Ihrer Vorstellung zu Beginn der Präsentation.

- Bereiten Sie sich sorgfältig vor, um als Fachmann/-frau sicher und/oder überzeugt wirken zu können.

- Kleiden Sie sich so, wie Sie es für angemessen halten.

## 9. Visualisierungen

- Fertigen Sie Visualisierungen zu den wichtigen Teilen Ihrer Präsentation an:
  - Thema, Inhalte und Ablauf der Präsentationsveranstaltung;
  - alle Kernaussagen;
  - wichtige Hintergrundinformationen;
  - schwierige Zusammenhänge, technische Abläufe etc.

- Gestalten Sie Ihre Visualisierungen so, daß sie von Ihren TeilnehmerInnen leicht und auf einem Blick verstanden werden. Wenn Sie Bilder verwenden, überlegen Sie, ob diese beim Publikum emotional »ankommen«.

## 10. Einsatz von Medien

- Bereiten Sie für Ihre Visualisierungen den Einsatz von möglichst zwei Medien vor (z.B. Flipchart, um visualisierte Inhalte dauerhaft und OVH-Projektor, um sie kurzzeitig zu zeigen).
- Prüfen Sie vor Beginn Ihrer Präsentation die (technische) Einsatzbereitschaft Ihrer Medien.
- Gestalten Sie den Präsentationsraum so, daß alle TeilnehmerInnen ausreichend Sicht auf die Medien haben, und daß Sie selbst ohne Behinderungen mit den Medien arbeiten können.

## 11. Das schriftliche Material für die TeilnehmerInnen

- Wenn Sie Unterlagen vor bzw. während der Präsentation ausgeben wollen, gestalten Sie diese Unterlagen so, daß sie die TeilnehmerInnen möglichst wenig vom Geschehen in Ihrer Präsentation ablenken:
  - maximal 4 Seiten;
  - inhaltlicher Aufbau der Präsentation auf die erste Seite;
  - auf die Textseiten nur die Kernaussagen oder einzelne Schlagworte, insgesamt wenig Text;
  - evtl. 1–2 Darstellungen Ihrer wichtigsten Visualisierungen.
- Sind Ihre Unterlagen umfangreicher als 4 Seiten, z.B. dann, wenn Sie sämtliche Visualisierungen ausgeben wollen, verteilen Sie diese Unterlagen im Anschluß an Ihre Präsentation.

## 12. Üben, üben ...

- Üben Sie Ihre Präsentation mindestens einmal. Besser sind natürlich zwei Proben oder drei.

- Achten Sie dabei auf die Zeit, die Sie benötigen und kürzen Sie Ihre Inhalte entsprechend, um im vorgegebenen Zeitrahmen zu bleiben.

- Setzen Sie bei den Proben die Medien ein, die Sie auch in Ihrer Präsentation verwenden werden.

- Versuchen Sie, Ihre »Generalprobe« vor einem Publikum zu üben, damit Sie umfangreiche Rückmeldungen zu den Inhalten und zu Ihrem Präsentationsverhalten bekommen, die Sie im Ernstfall berücksichtigen können. Machen Sie dies immer, wenn Sie vor einer wichtigen Präsentation stehen.

## 13. Die Frage- und Diskussionsrunde

- Überlegen Sie sich Fragen, die Sie in der Frage- und Diskussionsrunde an Ihr Publikum stellen, um gezielt Informationen über die Akzeptanz Ihrer Ausführungen oder für Ihr weiteres Vorgehen im Anschluß an die Präsentation zu erhalten.

- Überlegen Sie sich Fragen und Einwände, die aus dem Publikum an Sie gerichtet werden könnten. Bereiten Sie darauf Antworten und Entgegnungen vor.

- Wenn Sie die Frage- und Diskussionsrunde leiten oder moderieren werden, erstellen Sie sich eine Checkliste (Spielregeln, Gesprächseröffnung etc.), nach der Sie später vorgehen werden.

## 14. Optimale Rahmenbedingungen für Ihre Präsentation

- Planen Sie für die Präsentationsveranstaltung einen exakten zeitlichen Rahmen, der auch ausreichend Zeit für die Fragerunde und Diskussion läßt. Geben Sie diesen Zeitrahmen dem Publikum bekannt.

- Sorgen Sie dafür, daß die Präsentation in einer angenehmen

Umgebung stattfindet (bequeme Sitzgelegenheiten, frische Luft, angenehme Temperatur etc.).

## 15. Gruppenpräsentationen

- Weisen Sie zu Beginn der Präsentation darauf hin, daß es sich um eine Gruppenpräsentation handelt und stellen Sie die Gruppenmitglieder und deren Präsentationsbeiträge vor.

- Gestalten Sie den Wechsel zwischen einzelnen Gruppenmitgliedern während der Präsentation. Achten Sie darauf, daß Übergabe und Übernahme sowohl inhaltlich (»Die folgenden Ausführungen zum Thema ...«) als auch personenbezogen (»... wird Herr/Frau ... darstellen«) erfolgen müssen.

- Üben Sie den Wechsel und das Zusammenagieren mehrerer Gruppenmitglieder.

## 16. Die Nachbereitung der Präsentationsveranstaltung

- Notieren Sie im Anschluß an die Frage- und Diskussionsrunde alle Fragen und Diskussionsbeiträge aus dem Publikum (achten Sie dabei besonders auf Einwände und Widerstände) sowie Ihre persönlichen Eindrücke. Werten Sie diese Aufzeichnungen dahingehend aus,
  - was Sie im Rahmen einer Nachgeschichte noch unternehmen müssen, um Ihre Präsentationsziele zu erreichen;
  - was Sie bei der Vorbereitung und der Durchführung ihrer nächsten Präsentation verbessern können.

# 11. Kommentiertes Literaturverzeichnis

Dieses kommentierte Literaturverzeichnis stellt Ihnen grundlegende und weiterführende Literatur vor. Zum einen handelt es sich um Bücher, aus denen Anregungen in die Grundlagen des vorliegenden Buches geflossen sind. Zum anderen behandeln die hier vorgeschlagenen Bücher Detailfragen des »handwerklichen« Umgangs mit Visualisierungen und Medien. Sie können damit Ihr Hintergrundwissen erweitern und sich durch die weiterführende Lektüre »professionalisieren«.

*Schulz von Thun, Friedemann: »Miteinander reden: Störungen und Klärungen«, Band 1. rororo, Reinbek 1989, rororo Sachbuch 7489, 268 Seiten.*
Die »vier Seiten einer Nachricht«, die Sie im vorliegenden Buch als »vier Seiten einer Präsentation« kennengelernt haben, stehen im Mittelpunkt. Schulz von Thun erläutert ausführlich, in welch unterschiedlicher Art Nachrichten auf der Empfängerseite aufgenommen und verarbeitet werden, welche Störungen in der zwischenmenschlichen Kommunikation auftreten können und welches Handwerkszeug für die Klärung von Störungen auf den einzelnen Seiten zur Verfügung steht.

Das Buch ist klar und verständlich geschrieben. Seine Lektüre empfiehlt sich nicht nur für den beruflichen Alltag.

*Rogers, Natalie H.: »Frei reden ohne Angst und Lampenfieber«. Moderne Verlagsgesellschaft mbH, München 1990, 281 Seiten.*
Natalie Rogers geht es in Ihrem Buch um die Überwindung von Angst und Lampenfieber in Redesituationen. Sie bietet dazu eine Selbst-Trainingsmethode an, in der sie Anregungen aus der Verhaltenstherapie, der Schauspielkunst und der Sprachbeherrschung integriert hat. Sie lernen Schritt für Schritt, Lampenfieber und Angst in den Griff zu bekommen und Ihr Verhalten zunehmend zu kontrollieren. Es finden sich kaum Tricks und Tips, sondern praktische Übungen, die Ihnen erste Erfahrungen bei der Überwindung der »Flugzeuge in Ihrem Bauch« vermitteln können.

Darüber hinaus bietet Natalie Rogers eine Struktur für den Aufbau einer Rede an, die »Talk-Power-Formel«, die uns Anregungen für unseren Vorschlag zur Gliederung einer Präsentation gegeben hat.

*Schrader, Einhard/Biene, Joachim: »Auswählen – Verdichten – Gestalten«. Windmühle GmbH Verlag und Vertrieb von Medien, Essen 1983, 110 Seiten.*
Die Autoren legen mit diesem Buch ein Lernprogramm zur optimalen Gestaltung von Informationen vor. Es ist ein einfach gestaltetes, übungsintensives und praxisnahes Arbeitsbuch. Im ersten Teil wer-

den die LeserInnen mit den Prinzipien der optischen Gestaltung von Informationen und den umfassenden Möglichkeiten von Visualisierungen vertraut gemacht. Der zweite Teil vermittelt die wichtigsten Gestaltungsmittel für die Erstellung von Texten, Schaubildern, Symbolen etc. Hier erhalten Sie auch die Gelegenheit zum eigenen Experimentieren.

Die Stärke dieses Buches liegt darin, daß die vermittelten »handwerklichen Kenntnisse« in ein grundlegendes Prinzip eingebunden sind, um aus Texten Visualisierungen entstehen zu lassen, dem Dreischritt »Auswählen – Verdichten – Gestalten«. Diesen Dreischritt finden Sie in einer für die Präsentation geeigneten Form auch in unserem Buch.

Zusammen mit dem Buch von Schrader/Biene erhalten Sie eine Zeichenschablone und Übungsblätter, die Sie bei der Herstellung von Folien unterstützen.

*Zelazny, Gene: »Wie aus Zahlen Bilder werden: Wirtschaftsdaten überzeugend präsentiert«. Gabler Verlag, Wiesbaden 1989, 130 Seiten.*

Dieses Buch wendet sich an »Manager und deren Assistenten, an Verfasser wissenschaftlicher Arbeiten, an alle diejenigen, die Arbeitsergebnisse oder Projekte präsentieren müssen«. Zelazny beschäftigt sich mit dem Problem, Zahlen und Daten in anschauliche und treffende Schaubilder umzusetzen. Dabei konzentriert er sich auf die grafischen Schaubilder, wie Säulen-, Kreis-, Balken-, Punkt- und Kurvendiagramme. Die Entscheidung für die Erstellung bestimmter Schaubilder erfolgt systematisch:

- Welche Aussage will ich mit dem vorliegenden Datenmaterial treffen?
- Welcher Grundtyp eines Datenvergleichs ist in dieser Aussage enthalten?
- Welcher Schaubildtyp eignet sich konkret für die Visualisierung meiner Aussage?

Das Buch ist als Arbeitsbuch aufgebaut, das zum aktiven Mitdenken und Gestalten auffordert und im Anhang auch eigene Gestaltungsvorschläge anbietet. Wir empfehlen dieses Buch allen, die sich intensiv mit Schaubildern auseinandersetzen wollen.

*Nelson, Robert B. / Wallick, Jennifer: »Making Effective Presentations«. Scott, Foresman and Company, Glenview, Illinois and London 1990, 201 Seiten.*
Wenn Sie noch ein weiteres Buch über »Präsentation« lesen wollen, vielleicht um neue Ideen zu bekommen oder Ihr bisheriges Wissen zu vertiefen, empfehlen wir Ihnen das Buch von Nelson und Wallick. Dieses Buch ist »zwar« auf englisch, jedoch sehr einfach geschrieben. Es liest sich leicht und kommt mit wenigen Spezialbegriffen aus. Sie erhalten dadurch einen guten Einblick in die amerikanische Fachliteratur und in das pragmatische amerikanische »Business-Denken«. Pragmatisch und auf die Praxis ausgerichtet will auch dieses Buch sein: »it will provide you with tips and techniques to enable you to do your job better today and in the future«.

Nelson und Wallick legen den Schwerpunkt auf Lampenfieber, Vorbereitung und Üben von Präsentationen. In den anderen Kapiteln gehen sie etwas kürzer auf visuelle Hilfsmittel, Nachbereitung, besondere Redeanlässe (the after-dinner speech) und das Verhalten am Tag der Präsentation ein.

*Witte, A.: »Überzeugend informieren in Vortrag, Referat, Konferenz. Band 1: Der Umgang mit technischen Hilfen zur anschaulichen Vermittlung von Informationen«. FBO-Verlag GmbH, Baden Baden, 190 Seiten.*
Dieses Buch empfehlen wir allen, die sich sehr detailliert mit den Medien »Papiervorlage«, »Flipchart«, »Tafel« und »Transparent«, besonders aber mit dem Overheadprojektor und der Erstellung und Gestaltung von Folien beschäftigen möchten. Besonders zum Overheadprojektor bietet dieses Buch umfangreiche technische und gestalterische Hintergrundinformationen.

*Seifert, Josef W./Pattay, Silvia: »Visualisieren – Präsentieren – Moderieren«. Gabal-Verlag GmbH, Speyer 1989, 141 Seiten.*
Dieser Band behandelt die drei Themenbereiche »Visualisierung, Präsentation und Moderation« in kurzen Abschnitten. Es läßt sich dank seiner durch Illustrationen und Checklisten aufgelockerten Darstellungsform leicht lesen und vermittelt einen ersten Einstieg in die einzelnen Themen.

*Klebert, Karin/Schrader, Einhard/Straub, Walter G.: »KurzModeration«. Windmühle GmbH Verlag und Vertrieb von Medien, Essen 1985, 166 Seiten.*
Eine anschauliche Übersicht über Methoden, Hilfsmittel und vor allem die Haltung von ModeratorInnen; geschrieben von AutorInnen der ersten (Moderations)Stunde. Das Buch ist geeignet, ModerationsanfängerInnen einen ersten Eindruck von Moderation und ihren vielfältigen Anwendungsmöglichkeiten zu geben.

Durch die Darstellung von 20 beispielhaften Moderationsabläufen aus Betrieb, Gremien- und Ausschußarbeit, Schule und Hochschule bietet es aber auch Moderationsprofis Anregungen und Unterstützung, die es ermöglichen, diese Methode auch in der Austauschphase einer Präsentation einzusetzen.

*Will, Hermann (Hrsg.): »Mit den Augen lernen«. Beltz Verlag für Weiterbildung, Weinheim 1991, 6 Bände im Schuber mit insges. ca. 600 Seiten.*
Die Bände dieses Medienschubers, die auch einzeln zu beziehen sind, geben ausführliche und detaillierte Informationen zum Einsatz verschiedener Medien. Neben dem Einführungsband, der sich mit der »Psychologie des Lernens mit Medien« beschäftigt, behandeln die einzelnen Bände

- »Lerntexte und Teilnehmerunterlagen« (Ballstaedt, Steffen-Peter);
- »Pinnwand, Flipchart und Intel« (Langner-Geißler, Traute und Lipp, Ulrich);
- »Arbeitsprojektor und Folien« (Will, Hermann);
- »Lernen mit Video und Film« (Kittelberger, Rainer und Freisleben, Immo);
- »Lernen mit dem Computer« (Bäumler, Claus).

Konferenzzimmer
Bitte nicht stören!!

# 12. Über das Zustandekommen des Buches – die Autoren

## Das Buch

Das Buch entstand aus den Erfahrungen vieler Präsentationstrainings, die train, Gesellschaft für Organisationsentwicklung und Weiterbildung in München und Köln, seit Jahren für Kunden aus Industrie und Dienstleistung durchführt. Zusammen mit Kolleginnen und Kollegen haben die Autoren Trainings zu den Themen »Präsentation«, »Visualisierung« und »Vortragstechnik« konzipiert und in der Praxis erprobt. Natürlich hat auch die eigene langjährige Präsentationserfahrung aller der an diesem Buch Beteiligten in den vorliegenden Text Eingang gefunden.
Bei der Entstehung des Buches besonders geholfen haben Martina Rieg, verantwortlich für Kundenbetreuung bei der Ford Bank AG, Köln; Hans-Joachim Stabenau, Fachverantwortlicher für den Bereich Arbeits- und Führungspraxis am Bildungszentrum Erlangen der Siemens AG und Klaus D. Wittkuhn, geschäftsführender Gesellschafter bei train in Köln.
Darüber hinaus haben mitgewirkt: Rita Müller-Hilmer, Dr. Renate Mann, Simone Bach, Heinz Wittkuhn, Astrid Dietrich, Brigitte Pajonk, Emil Rieg und Dorothea Senger, die für die Illustrationen verantwortlich »zeichnet«.

# Die Autoren

*Martin Hartmann*, Dr.rer.soc., Dipl.-Päd.; nach dem Studium der Pädagogik, Soziologie und Politikwissenschaften mehrere Jahre Projektleiter in der Marktforschung; seit 1989 bei train als Verantwortlicher für Öffentlichkeitsarbeit und als Trainer in der betrieblichen Weiterbildung.

*Rüdiger Funk*, Dipl.-Päd.; Studium der Erwachsenenbildung, Ausbildung zum Trainer in der betrieblichen Weiterbildung und zum Moderator; seit 1987 geschäftsführender Gesellschafter bei train; Arbeitsschwerpunkte: Beratung, Konzeption und Trainings in den Bereichen: kundenorientierte Gesprächsführung, Führung, Präsentation, Moderation; Moderation von Workshops.

*Horst Nietmann*, Dipl.-Päd.; Studium der Erziehungswissenschaften mit dem Schwerpunkt Psychologie; nach einer technischen Ausbildung in den USA Systemanalytiker in einem wissenschaftlich-technischen Dienstleistungsunternehmen; Untersuchungen zum Schnittstellenbereich »Mensch-Maschine«; seit 1987 bei train mit den Arbeitsschwerpunkten Beratung, Konzeption und Trainings in den Bereichen: Präsentation, Kommunikation und Arbeitstechniken.

*train, Gesellschaft für Organisationsentwicklung und Weiterbildung mbH.*
Büro München:
Postfach 190910, 8000 München 19, Tel. 089/1678690.
Büro Köln:
Kadettenstraße 9, 5060 Bergisch Gladbach 1.